U0649127

国家社会科学基金青年项目（批准号：14CJY070）

互联网金融发展对传统金融业的影响研究

王亮亮　著

中国金融出版社

责任编辑：吕　楠

责任校对：孙　蕊

责任印制：陈晓川

图书在版编目（CIP）数据

互联网金融发展对传统金融业的影响研究（Hulianwang Jinrong Fazhan dui Chuantong Jinrongye de Yingxiang Yanjiu）／王亮亮著 . —北京：中国金融出版社，2016.5

ISBN 978 - 7 - 5049 - 8511 - 8

Ⅰ.①互… Ⅱ.①王… Ⅲ.①互联网络—影响—金融业—研究—中国 Ⅳ.①F832

中国版本图书馆 CIP 数据核字（2016）第 085665 号

出版
发行　中国金融出版社

社址　北京市丰台区益泽路 2 号
市场开发部　（010）63266347，63805472，63439533（传真）
网 上 书 店　http：//www.chinafph.com
　　　　　　（010）63286832，63365686（传真）
读者服务部　（010）66070833，62568380
邮编　100071
经销　新华书店
印刷　北京市松源印刷有限公司
尺寸　169 毫米 × 239 毫米
印张　10.25
字数　123 千
版次　2016 年 5 月第 1 版
印次　2016 年 5 月第 1 次印刷
定价　49.00 元
ISBN 978 - 7 - 5049 - 8511 - 8/F. 8071
如出现印装错误本社负责调换　联系电话(010)63263947

序　言

近年来，在信息技术的进步、电子商务的成熟、社交网络的兴起和金融改革的深入推进等多重因素的叠加影响下，互联网金融在我国快速发展，并迅速成为重要的新兴金融领域，以金融科技的形态呈现在社会大众面前。从国际经验来看，互联网金融是一种新趋势、新方向，美国、英国、日本等发达国家的互联网金融都在蓬勃发展，尽管形态各异，但都展现出了强劲的发展势头，在全球范围内影响着金融体系的变革。从我国内部来看，有着互联网金融发展的肥沃土壤，人口众多，金融需求巨大，传统金融供给不足，财富增值渠道有限等诸多因素都为互联网金融提供了条件。从互联网金融的演进来看，不仅有金融体系外部的跨界渗透，也有金融体系内部的自我发力，双方交织融合、相互推动，促进了金融边界的模糊和金融市场的发展。从互联网金融的作用来看，其特有的金融理念、经营方式、服务机制有效地扩大了金融供给的覆盖面，提升了金融服务的便捷性，满足了消费者个性化的金融需求，促进了普惠金融的发展，并在改善小微企业融资难、融资贵，促进大众创业、万众创新等方面展现出了较好的服务潜力。

在互联网金融快速发展的时代背景下，其对传统金融的影响不可避免地已成为一个重要的研究课题，两者是替代关系还是融合关系，是竞争关系还是合作关系，是相互促进关系还是相互制约关系，凡此等等，已成为人们关注的重点，这也是市场在碰撞和磨合过程中不可绕开的现实问题。由中国人民银行金融研究所王亮亮博士所著的《互联网金融发展对传统金融业的影响研究》一书系统地阐述并回答了上述问题。全书对互联网金融的发展现状、重要细分领域进行了介绍，对互联网金融的国际发展经验进行了剖析并进行了国别比较，重点研究了互联网金融与传统金融的关系，并分别从银行、证券、保险等领域阐述了互联网金融对传统金融业的影响。此外，本书还对互联网金融服务小微企业及互联网金融的有效监管原则等进行了探讨。

《互联网金融发展对传统金融业的影响研究》一书有着较强的理论价值，融入了王亮亮博士的许多深层次思考。希望本书的出版能够起到抛砖引玉的作用，引起人们对互联网金融理论更多的思考与关注，也希望王亮亮博士能够借此机会，在互联网金融领域继续研究与探索，取得更多的成果。

是为序。

2016 年 3 月 21 日

摘　　要

　　当前，互联网金融快速发展，市场规模、市场影响都在不断提升，受到国家层面和市场层面的广泛重视。从国际趋势来看，互联网金融在全球范围内已经成为金融创新的重要领域。从国内情况来看，经济新常态需要金融新常态，互联网金融则是金融新常态的重要内容之一。互联网金融跨界发展以来，融合了互联网和金融的双重基因，成为近年来我国金融业的重要创新领域，各类互联网产品加速创新和迭代，金融市场资源也在加速向这个行业集中。以第三方支付、P2P、互联网理财、网络银行等为主体的互联网金融在经济发展和社会民生中的积极作用正在逐步显现，在便利百姓生活、提升金融服务深化水平、改善小微企业融资、促进金融与各类产业对接、推动普惠金融等多方面都表现出了很强的优势，颇为国家所看重。

　　互联网金融在创新发展的同时，对传统金融业的影响也越来越大，从多个方面给传统金融业带来了冲击，既有积极影响，也有不利因素。从积极影响上来看，互联网金融的发展既延长了传统金融业的产业链条，扩大了传统金融业的发展空间、活动范畴和服务领域，又提高了传统金融业的服务效率，为其注入活力和动力。从不利因素来看，互联网金融的发展在某种程度上对传统金融的相关业务领域形成渗透与替代，在蛋糕重新分配的过程中，会与传统金融业之间存在竞争和摩擦。因此，如何辩证地看待互联网金融与传统金融的关系、对二者之间的关系进行更加深入、透彻地分析非常重要，对二者之间关系的深入理解与研究有助于促进互联网金融与传统金融之间更加和谐有效的发展，也有助于互联网金融正能量的充分发挥。为更好地对上述问题进行剖析，深入系统阐述互联网金融与传统金融之间的关系，本报告将从多个维度系统展开，对其进行分析和阐述。报告共分八个部分，总体结构设计如下：第一部分对日新月异发展的零售支付体系进行介绍。由于零售支付体系的创新发展是互联网金融发展的关键和依托，因此，对其进行介绍，奠定了全篇报告的基础；第二部分为互联网金融发展的主体类型及现状分析，对目前互联网金融的几个主体组成部分进行了系统介绍；第三部分为互联网金融的经济学理论诠释及内源价值，从文献综述的角度对互联网金融发展的理论基础、发展价值进行了研究。同时，对互联网金融与传统金融的关系及互联网金融发展的国别环境差异进行了分析。第四部分为互联网金融对金融市场及传统金融业的具体影响，系统分析和阐述互联网金融对金融市场的影响及对银行、证券、保险等行业的影响；第五部分为互联网金融破解小微企业融资难题的机理分析，系统地阐述了互联网金融在改善小微企业融资难题方面的运行机理；第六部分对互联网金融有效监管原则进行了探讨，分别从规则监管与原则监管、机构监管与功能监管、宏观审慎监管与微观审慎监管、政府监管与自律监管等几个方面进行了分析；第七部分为当前互联网金融发展存在的问题；第八部分为促进互联网金融健康发展的政策建议。

2015 年 6 月初，中国工商银行整合全行优势资源成立工行互联网营销中心，统筹全行互联网金融业务，牵头负责"融 e 购"电商平台、"融 e 联"即时通讯平台、"融 e 行"直销银行三大平台和支付、融资及投资理财三大产品线的整体营销组织[①]，这是"宇宙行"走向"e - ICBC"战略的重要一步。大家在起舞、在转身、在奔向互联网金融的风口，可以预判的是，其市场效应和

---

① 钟辉、梅亚：《工行组建互联网金融专职部门 e - ICBC 三大平台营销"大一统"》，载《21 世纪经济报道》，2015 年 6 月 5 日。

连锁效应将在传统银行及整个传统金融体系内持续发酵。这是传统金融业在应对近两年风气正盛的互联网金融发展的一个缩影,种种迹象已经表明,面对高速发展的互联网金融,传统金融机构已经在觉醒,并在采取行动。在互联网金融的应对上,传统金融机构走出了一条"从忽视到观望,到占坑,到加速转型,到资源倾斜,到直线追赶"的路径。从线上金融市场格局来看,传统金融机构也从被动防守走向主动扩张,银行、券商、保险、基金等行业都在通过多个渠道、多种途径、多种举措,调配多种资源发力网上业务。整个中国金融市场呈现出一幅互联网金融大棋局画面,这也是 2010 年后的 5 年来,中国金融体系创新最快、最活跃,受关注度最高、渗透度最广、影响最大的板块之一,说是一场金融变革也不为过,金融新秀、跨界代表、老牌精英都在线上线下忙得不亦乐乎,你追我赶,相继发力,享受"互联网+"给金融带来的红利。

与此同时,在国家政策层面,互联网金融也受到了前所未有的重视。从互联网金融诞生开始,国家就对其创新发展采取了包容的态度,坚持鼓励与规范并重。2014 年,互联网金融首次写入政府工作报告,促进互联网金融健康发展被视为从国家层面对互联网金融的认可,为互联网金融的发展创造了更加有利的发展环境。2015 年 7 月,中国人民银行等十部门发布《关于促进互联网金融健康发展的指导意见》(银发〔2015〕21 号),标志着互联网金融正式纳入监管范畴,进入规范与有序发展的新阶段。但从互联网金融的发展历程看,国家对其一直给予了呵护、培育与引导的态度,注重其对经济发展的积极作用,真正发挥其在促进金融普惠、助力小微企业融资、培育新的金融业态等方面的正向能量。

随着产业发展与政策支持衔接的深入,互联网金融正在从一个时髦概念,走向落地并且转化为实际生产力,为广大金融消费者提供着低门槛、高效率、广覆盖的金融服务,对促进小微企业发展和扩大就业发挥了现有金融机构难以替代的积极作用，为大众创业、万众创新打开了大门①。鉴于互联网金融强大的渗透力和高速的发展动能，部分市场及业界人士对互联网金融极度赞誉，似乎互联网金融能够横扫一切，与此同时，颠覆论、替代论等各种观点也不绝于耳。但令人欣慰的是，市场中也不乏相互补充、相互促进、二者融合发展这样理性的声音与论断。但争论到现在似乎也尚未达成共识。那么，互联网金融与传统金融机构将以何种形式碰撞，二者之间以什么形式共存，市场格局又将如何调整？互联网金融对传统金融机构及市场的深层次影响具体如何，未来趋势又会如何演变？与传统金融相比，互联网金融服务小微金融服务优势又在哪里，怎样与传统金融形成互补之势？这些问题都是当前争论的焦点，本报告将对这些问题进行阐释。

---

① 中国人民银行等十部委：《关于促进互联网金融健康发展的指导意见》，2015 年 7 月。

目　　录

一、 互联网金融发展的基础与依托

——日新月异的零售支付体系

互联网金融，顾名思义，需要依托网络来开展。从互联网金融发展的路径来看，其发展主要依托于现代零售支付技术，没有便捷高效的零售支付体系为支撑，互联网金融无从发展起来。自 21 世纪初期以来，以第三方支付为代表的现代零售支付体系在我国快速发展起来，创新了支付发展路径，形成了独特的支付格局，促进了电商及互联网金融的发展。因此，现代零售支付体系是基础、是支撑，在探讨互联网金融之前，需要对零售支付体系进行一个总体介绍。

（一） 零售支付体系的界定

近年来，以银行卡支付、网络支付、移动支付、预付卡支付等为主体的零售支付在全球范围内取得了突破性发展，呈现出产业化、市场化、集群化、多样化等特征，服务主体、服务领域、服务形态、服务内容都与传统的支付体系相比凸显了新内涵。零售支付的广泛应用给予了消费者更多的支付选择，对重塑支付流程、削减金融运行成本、改善金融基础设施、提升社会福利起到了重要的促进作用，从更广阔的意义而言，零售支付体系的创新发展在提高支付体系及金融服务效率、促进普惠金融发展、促进经济增长上也起到了重要的推动作用。

零售支付的提出主要是与大额支付相比较而言（CPSS，2012），综合来看，零售支付与大额支付的不同之处主要体现在以下几个方面：第一，应用的范围不同。大额支付主要应用于银行间交易，零售支付则更多的与消费者或企业购买的货物或服务相关，是一场市场化的应用。第二，应用场景的复杂度不同，大额支付是一种标准化、固定化的应用场景，而零售支付的应用场景更为复杂且较为分散，比如移动支付、网络支付等，面对的是需求千变万化的消费者。第三，参与主体不同，大额支付的参与主体主要是中央银行和商业银行，而零售支付的参与主体则主要是商业银行、消费者、商家、非银行金融机构，参与主体更加丰富、更加多样。第四，创新速度不同，大额支付作为支付体系的后台，以追求稳健为主，在服务的变化上较小，零售支付作为一种市场化的支付行为，虽然仍然是金融基础设施的重要组成部分，但更加注重效率，注重满足消费者需求的变化，在服务形态上，创新迅猛。第五，支付工具的选择不同。大额支付的支付工具较为单一，而零售支付提供了多样化的支付工具选择，各类新型支付工具不断推陈出新、层出不穷，尤其是近年来在相关技术的支持下，各类支付工具不断前移，让消费者触手可及，满足了消费者随时随地进行支付的需求。第六，交易效率不同，大额支付在交易中通常具有交易时滞，而零售支付则实时支付、实时到账，更加快捷便利。第七，交易额度不同，大额支付主要是批发交易，额度要求较高，零售支付则是小额交易，没有固定的交易额度限制，但由于应用广泛、消费者人数众多，众多的小额零售支付交易规模积累起了大规模的市场应用。从目前来看，零售支付主要包括传统零售支付和新兴零售支付两个组成部分，传统零售支付以银行卡为主，得到了广泛应用，新兴支付以网络支付、移动支付为主，增长迅猛，受到广泛青睐。

（二）　全球范围内零售支付体系发展的内涵及态势

1. 创新是零售支付体系发展的主导趋势。

根据 CPSS 的一项研究，过去十年，零售支付是各国中央银行在支付领域创新的主要组成部分，其中，30 个国家的中央银行在零售支付方面共进行了 122 项创新，15% 的支付创新与卡基支付相关，20% 的支付创新与网络支付相关。如果将市场主体中的零售支付创新纳入的话，零售支付的创新则不可估量。综合市场发展实际情况，在零售支付体系中，卡基支付、网络支付、移动支付当仁不让地成为了创新主体，其中，移动支付和网络支付的创新行为更是受到了世界各国的高度重视。表 1 - 1 中给出了世界银行一项关于 101 个国家在支持零售支付创新方面的调查，由表可知，无论是高收入国家还是低收入国家，移动支付和网络支付的创新已经在全球范围内得到了普遍支持。虽然 ATM 和 POS 领域的创新也广受重视，但在样本国家中，对 ATM 和 POS 终端的创新支持大都在 60% ~ 70%，对比而言，对移动银行和网络银行的创新支持则有了更高的提升，其比例基本在 80% 以上。

　　除了支付渠道及工具领域的创新外，零售支付的应用创新也是一个热点。一是社交支付高度活跃。脸谱支付、微博支付、微信支付以及其他社交圈的支付迅速发展，点对点、面对面支付成为可能，并且极受青睐，市场占有率持续提升；二是动态支付的应用程度提升，随着移动支付的发展，从固定终端或固定场所的支付应用逐渐拓展到地铁、公交、商店等碎片化的动态支付应用场景；三是支付衍生品不断增多，在支付功能上加载其他应用正逐渐成为重要的发展方向，如地理识别、感应特征等正在逐渐与支付功能融为一体；四是从商品购买行为的支付向理财、资产管理等领域的支付拓展。随着互联网金融的发展，支付应用不再局限于购物领域，在理财领域、证券领域（如中国的余额宝、佣金宝等）有了进一步的应用；五是跨境应用在不断提升，随着支付主体国际化合作程度的提高，支付正在与银行一道，成为一种国际性的支付行为。

表 1-1　　　　　　　　交易渠道领域的支付创新支持

国家	移动银行		网络银行		ATM		POS 终端	
	数量	%	数量	%	数量	%	数量	%
全球（101）	76	75	91	90	70	69	71	70
按收入划分								
高收入国家（38）	30	79	34	89	20	53	23	61
中上等收入国家（23）	18	78	20	87	19	83	17	74
中下等收入国家（24）	18	75	22	92	19	79	19	79
低收入国家（16）	10	63	15	94	12	75	12	75
按地区划分								
东亚及太平洋地区（7）	6	86	6	86	5	71	3	43
欧洲及中亚地区（14）	10	71	13	93	11	79	9	64
拉丁美洲及加勒比海地区（14）	12	86	13	93	9	64	11	79
中东及北美地区（11）	5	45	7	64	7	64	6	55

资料来源：Innovation in Retail Payments Worldwide：a snapshot, The World Bank.

2. 人口规模大、收入较低的国家是零售支付体系应用的主体。

从本质上讲，零售支付的创新应用是金融资源有效配置的表现，是对金融服务不足领域的有效填补。从全球范围看，存在着经济发达国家金融服务相对充足、发展中国家金融服务短缺的格局，存在着城市金融服务相对充足、农村金融服务短缺的格局。受限于金融服务的高门槛、高投入，发展中国家和农村地区难以在短时间内通过大量的资源倾斜来改善金融环境，后发优势难以体现。但零售支付体系的出现改变了这种现状，其成本低、覆盖面广、便捷性高，在不占用物理空间和柜台门面的情况下就可以完成金融服务的提供，PC、手机、电视、移动设备等都已成为零售支付的载体和端口。网络支付、移动支付等零售支付的出现对渴求提升金融服务的发展中国家和农村地区犹如雪中送炭，充分激发了创新和使用热情。由表 1-2 我们可以看到，在世界银行的调查中，大部分高收入国家和低收入国家的创新性支付产品的交易量都呈快速增长态势，但从创新性支付产品的交易量在传统电子零售支付中占到 5% 以上的比例看，低收入国家明显多于高收入国家。从人口规模上看，零售支付体系的特征更加明显，我们看到，在人口大于 3000 万的国家中，创新性支付产品的交易量呈快速增长态势，其比例明显多于人口规模在 3000 万以下的国家，其他两个指示同样展现了如此规律，充分显示了零售支付的金融普惠性。

表 1-2　　　　　　　　　　创新性支付产品的应用

国家	创新性支付产品的交易量快速增长的国家		创新性支付产品的交易量在传统电子零售支付中占到 5% 以上的国家		创新性支付产品交易量的增长率超过传统电子零售支付的国家	
	数量	%	数量	%	数量	%
全球（101）	70	69	11	11	19	19
按收入划分						
高收入国家（38）	25	66	4	11	10	26
中上等收入国家（23）	17	74	1	4	2	9
中下等收入国家（24）	17	71	3	13	3	13
低收入国家（16）	11	69	3	19	4	25
按人口划分						
>3000 万（30）	27	90	5	17	10	33
>500 万且 <3000 万（41）	23	56	4	10	3	7
<500 万（30）	20	67	2	7	6	20

资料来源：Innovation in Retail Payments Worldwide：a snapshot，The World Bank.

3. 零售支付体系的发展推动了电子货币的发展及应用。

零售支付体系的发展为电子货币的应用提供了可能。随着电商、虚拟社区及其他网络交易的发展，电子货币已成为网络交易中一种方便快捷甚至在一定程度上可以替代法币的货币。零售支付体系的创新发展使电子货币可以轻易实现转账交易及应用。表 1-3 中给出了 2008 年以来电子货币的交易额变动情况，在可统计的国家中，我们看到，电子货币都呈现了快速增长的态势，如巴西，2008 年时电子货币的交易额为 4.9 亿美元，到 2012 年其交易额增长到 11.5 亿美元；意大利在 2008 年时的电子货币交易额为 67 亿美元，到 2012 年，其交易额达到 162.9 亿美元。从增速和规模上都表现出了良好的发展态势，这种发展从根本上得益于零售支付体系的发展。

表 1-3   可统计的电子货币的交易额情况   单位：10 亿美元

国家或地区	电子货币				
	2008 年	2009 年	2010 年	2011 年	2012 年
巴西	0.495	0.558	0.963	1.255	1.156
法国	0.099	0.112	0.121	0.141	0.145
德国	0.222	0.202	0.185	0.174	0.212
意大利	6.702	7.233	9.82	13.507	16.293
日本	8.135	13.514	20.227	26.062	—
韩国	1.012	1.082	2.116	1.866	1.437
俄罗斯	0.396	1.076	2.396	6.757	12.498
新加坡	1.349	1.325	1.448	1.747	1.881
CPSS 国家	19.697	26.268	38.701	53.801	34.471

数据来源：BIS，CPSS - Red Book statistical update，2013.

4. 零售支付体系运行市场化、管理自律化。

零售支付在全球各国的发展中都体现了双向发展态势，一方面，各国央行加强顶层设计，从上至下地推动零售支付体系的建设及安排，提高金融基础设施的效率及功能，另一方面，来自市场自发的零售支付创新也呈快速发展态势，展现了从下至上的特征及草根特性。这种双向发展态势更加凸显了零售支付体系在经济发展及社会民生中的积极作用。如表 1-4 所示，近年来世界各国都在零售支付系统的建设上取得了很大发展。在管理上，大部分国家都对零售支付系统采取了市场主导的管理模式，交由支付清算领域的行业协会进行自律管理，以适应零售支付体系创新迅速、反应灵敏、贴近市场的特点，如美国、加拿大、澳大利亚、英国等通过行业协会运行着一个或多个零售支付系统。从另一个角度来讲，由于零售支付还具有市场需求主导的从下至上的特征，因此，采取行业自律组织进行管理可以更好地感知市场需求，跟上市场节奏，在动态演进中更好地促进零售支付市场的发展。

表1-4　　　　　　　　各国在零售支付系统上的创新发展

序号	国家	零售支付系统	序号	国家	零售支付系统
1	加拿大	电子转账系统（Interac e - Transfer）	4	澳大利亚	BPAY 系统
		互动在线系统（Interac Online）			小额支付清算系统（LVCS）
		可增值预付卡系统（Reloadable prepaid cards）			POLi 和 payclick 系统
		MC PayPass 系统	5	印度	支票简化系统（Cheque Truncation System）
		Zoompass 系统			金融普惠代理系统（Business agents for financial inclusion）
2	法国	Moneo 系统			EBPP 和 IMPS 系统
		E - card bleue 系统	6	日本	全国电子资金转账系统（NEET）
		MasterCard PayPass 系统			电子货币系统（Chip - based electronic money）
3	德国	sofortüberweisung. de 系统	7	美国	网络支付服务系统（Internet - based payment networks）
		T - Pay - Online - transfer 系统			ACH 系统
		Vingado 和 Giropay 系统			远程存款获取系统（Remote Deposit Capture）
		m - pass 系统	8	英国	快速支付服务系统（Faster Payments Service）

资料来源：CPSS.

（三）当前零售支付体系发展的总体特征

在信息技术和网络技术的驱动下，具有互联网和金融双重基因的零售支付市场高速发展，市场主体不断丰富，市场规模不断扩张，业务种类不断增多，创新驱动能力不断增强。零售支付市场以电子支付为载体在新兴产业得到了大范围的应用，对传统产业和社会其他交易领域也在加速渗透，推动了线下交易向线上迁移的革新式进程。同时，零售支付也在深刻地影响着用户的支付习惯和消费方式，改善着消费者的用户体验，使消费者能够随时、随地、随心地完成多样化的支付服务需求，并催生及促进了电商及互联网金融等产业的发展。经过多年的发展和积累，目前，我国零售支付体系及市场进入了一个新的发展阶段，具备了新的发展特征，总体呈现出以下几个方面。

1. 零售支付体系日益健全，发展呈百花齐放、百家争鸣态势，积极作用不断凸显。

传统上，支付结算是银行的一项中间业务，主要是一项固定、标准和批发式的支付服务，满足着社会经济交易的需求。但这种批发式的支付服务难以满足消费者多元化、个性化、精细化的支付服务需要，也难以跟上新兴产业的创新发展需求，同时，传统意义上的支付结算主要在银行的物理网点进行，消费者需要凭借他人才能完成支付需求，其交易成本、等待成本都比较高，难以将其融入消费者的各类生活场景中，从而抑制了消费者进行支付的灵活性和自主性，对支付市场规模的扩大也带来了一定程度的制约。近年来，随着现代新兴技术的发展，在批发式支付服务之外，零售支付市场蓬勃发展、欣欣向荣，呈现出了一片繁荣景象。目前，获得中国人民银行支付服务许可证的非金融支付服务机构已达270家，市场规模不断壮大，生态体系日益完善，以特有的支付服务满足着社会交易需求，改善着人们的支付习惯。非金融支付服务机构借助信息网络技术，从市场出发，从消费者多元化的支付服务需求出发，从促进新兴产业、改造传统产业的根本需求出发，在支付工具、支付产品、支付流程、支付渠道、支付场景等方面进行了创新式发展，网络支付、移动支付、电话支付、电视支付、指纹支付、声波支付等与传统的"三票一卡"等支付工具结合在一起，形成了高度发达的现代零售支付市场。零售支付市场的发展，激发了市场活力，丰富了支付内容，提升了支付价值，改善了支付效率，促进了电子商务和互联网金融的发展，对推动产业结构升级、扩大国内需求和拉动经济增长也有着重要作用。

2. 零售支付体系发展面临着多维红利的释放，动力充足。

在零售支付市场的前期发展中，其发展红利主要是依托于现代信息技术和网络技术的进步，催生了众多的支付工具和支付渠道，诱发了人们的支付需求。在当前新的发展阶段下，零售支付市场进入了发展红利的高度释放期，各种利好因素为零售支付的发展注入了更加强大的动力，具体来说，主要分为如下几个方面。

（1）政策红利。目前，零售支付市场已经形成了政府监管、行业自律、企业内控三位一体的监管框架。监管部门制定了多项监管政策及法律法规对市场进行规范和监督，比如，中国人民银行针对第三方支付机构陆续制定了《非金融机构支付服务管理办法》《支付机构网络支付业务管理办法》《中国人民银行关于手机支付业务发展的指导意见》等政策法规，在规范市场秩序的同时，鼓励市场创新发展，为零售支付体系的发展创造了良好的市场氛围。行业自律组织（如中国支付清算协会）也制定了多项自律规则对市场进行自律管理，并引导市场创新导向。企业内部风险防范意识不断增强，风险防控能力不断提升，随着零售支付机构经历了前期的市场抢占期及业务扩张期，越来越重视向风控要效益，向稳健求实力。监管框架的完善及各项政策的出台使零售支付市场的发展趋势更加明朗，市场竞争环境更加有序，形成了上下良性互动的局面。同时，在零售支付市场的热点和重点领域，长期制约移动支付业务发展的技术标准问题也得以解决，《中国金融移动支付技术标准》颁布，技术标准的落地对零售支付市场的发展无疑是一副催化剂，解决了争议，达成了共识，消除了市场针对移动支付发展的后顾之忧，对促进移动支付市场的腾飞起到了明显的推动作用，更有利于新的商业合作模式的开发与形成。

（2）国家扩大内需战略。消费、投资和出口是经济增长的"三驾马车"。自改革开放以来，为适应国家经济发展需要，我国主要实施的是投资和出口双轮驱动的经济发展战略，消费在经济增长中的贡献度一直较低。近年来，为实现经济转型的发展需要，国家高度重视内需战略，通过多种措施促进国内消费需求的增长。党的"十八大"报告也指出了，到2020年实现城乡居民人均收入比2010年翻一番的目标，城乡居民人均收入水平的提高也是国家推动内需战略的重要举措。经验表明，零售支付市场的发展与人们的消费需求有着较强的正相关性，对GDP的增长更有着极强的促进作用。根据2013年VISA公司委托穆迪公司针对56个国家和地区、全球93%的GDP研究发现，电子支付对整个经济发展贡献而言，2008—2012年，电子支付为这56个国家和地区GDP增加值贡献了将近1万亿美元。当前，网上需求旺盛，已经成为我国内需扩大的一个重要来源。2014年，全国网上零售额2.7万亿元，增长49.7%，占社会消费品零售额比例超过了10%，并且还在以迅猛的势头发展。在我国内需不断扩大尤其是网上消费的大趋势下，零售支付市场蕴含着更大的发展空间，面临着更广阔的发展机遇。

（3）城镇化战略。城镇化战略是提升民众生活水准，促进我国经济发展的又一重大举措，也是实现中国梦的重要途径。城镇化战略意味着更多的农民进入城市，在消费能力不断提升的同时，生活习惯和消费方式也会逐渐发生变化，对电脑、智能手机及其他移动设备的需求将会大幅增加，对互联网的运用及电子商务的需求也会大幅增长，在这些有利因素的推动下，零售支付的普及程度、渗透率和交易规模也会随着城镇化战略的推进而增长，形成新的发展红利。

（4）电子商务交易规模持续扩张。近年来，电子商务已经在各行业得到了广泛应用，越来越多的行业尤其是零售行业已经将电子商务作为未来发展的重要战略方向，线下交易加速向线上交易迁移。据艾瑞数据显示，2014 年，中国电子商务市场交易规模达到了 12.3 万亿元，增长 21.3%，据预测，到 2018 年，电子商务市场规模将达到 24.2 万亿元。网络支付发展的初衷就是为解决电子商务交易的信用问题而出现的，因此，网络支付与电子商务有着天然密切的联系，"网络支付因电子商务而生，电子商务因网络支付而兴"，网络支付会随着电子商务规模的扩张而壮大。基于此种关系，电子商务的持续发展必然为零售支付市场提供坚实的动力。

3. 零售支付市场发展的弹性不断增强。

零售支付市场主要以互联网支付业务、移动支付业务等为主，互联网支付的发展路径主要是依托于电子商务平台，为电商平台提供支付服务，如支付宝公司依托于淘宝网站。以此为基础，零售支付市场的发展也就高度依赖于电子商务购物网站，电商平台的发展也就成为零售支付市场的启动机和引擎器。零售支付市场的这种高度依存电商平台的方式弱化了其发展的弹性和主动性，在电商平台的交易规模增长速度下降时，零售支付市场也就失去了快速增长的空间。然而目前，这种模式正在发生变化，零售支付市场发展的弹性和主动性正在增强，主要体现在，网络支付、移动支付等零售支付市场的重要组成部分在为电商平台提供支付服务以外，还在主动地开辟多种途径，为更广泛的行业和领域提供支付服务，如对航空、旅游等传统行业的深耕，为水电煤气费等便民缴费提供服务，涉足 P2P、互联网理财、基金销售等各类互联网金融业务，为企业提供供应链金融、资金归集管理等服务，更广泛的业务种类使零售支付在更多的场景得到了应用，更好地捕捉消费者的需求。零售支付也因此不再是被动地适应电商平台的发展，而是开始利用支付的灵活性、便捷性，主动地对那些没有实现电子交易的行业或领域进行重塑，并扩大金融的线上版图，促进更多的行业和传统的线下交易推向线上。零售支付市场的发展空间得到了拓展，形成了多元化的业务来源，市场发展弹性大幅增强。

4. 零售支付业务边界不断拓展，增值空间持续扩大。

一直以来，支付的价值较为单一，主要是为社会经济交易活动提供媒介、载体和通道。在新兴技术的推动下，零售支付业务的价值不再仅仅局限于通道，而是利用其特有的黏性特质不断向社会经济和生活的各个领域、层面、环节渗透，与社会其他领域深度融合，不断衍生出新的价值。从目前的情况来看，以下几个方面将是零售支付与其他领域融合而进行增值的主要渠道。

第一是利用大数据提供增值服务。通过网络支付、移动支付、手机银行等零售支付业务的发展，零售支付服务提供商可以沉淀海量的数据，通过云计算等现代新兴技术可以对这些海量数据进行挖掘和分析，由此不仅可以得出各类消费者的购买能力、需求偏好、交易特征、价格敏感度等多维画面，促使用户行为价值化，还可以得出商家的产品供应能力、库存水平、信用状况等多重有用的价值信息。在掌握消费者和商家多种特征的情况下，零售支付服务提供商可以对这些数据进行加工、整理和组合，向金融机构、咨询机构及商家提供多样化的信息咨询和增值服务，从中获取收益。

第二是深度融合社交网络，向微支付领域渗透。目前，微博、微信等社交网络快速发展，为人们的社会交往提供了新的空间和模式。但从现在来看，这些社交网络还处于初步发展阶段，主要是满足人们简单的信息交流。随着社交网络发展的成熟，将为人们提供更多、更深层次的服务，微支付服务就是其中重要的一环。零售支付服务提供商将根据微博、微信等碎片化的特征，将支付流程化整为零，深度融合到社交网络之中，增强与消费者的感知互动性，满足人与人之间自主、灵活的微支付需求。当前，微信支付在打车领域得到广泛的应用，是微支付场景的一个有效拓展。这种微支付将具有很强的去中心化的特征，在消除信息非对称的情况下，不再依附于金融中介就可以完成支付的供给与需求。

第三是依托长尾理论，挖掘长尾价值。通常而言，企业主要关注的是人们的主流消费需求，如果用正态曲线来表示的话，就是正态曲线的头部。究其原因，一方面是主流消费需求容易获得，企业不需花费太大精力就可以攫取。另一方面是受技术因素的限制，企业即使认识到长尾价值，也难以获取，因为长尾价值主要是个性化、定制化、碎片化、零散化的价值，企业如果获取这部分价值需要花费高昂的成本，很有可能入不敷出。但零售支付市场的发展，使支付服务提供商可以较为轻易和低成本的覆盖长尾价值，离散化的终端如电脑、手机、电话、电视等，多元化的支付渠道如线上支付、线下支付等，以及互动性的消费感知和多样化的支付情景，都可以多维度地抓取消费者的支付需要，在满足主流消费需求的同时，还可以较为容易地满足个性化、差异化、精细化的消费需求，把细分的需求和零散的需求聚集在一起，形成规模，实现长尾价值，这个价值甚至可能超过正态曲线的头部，是一个巨大的价值空间。

5. 零售支付市场的商业合作模式日渐成熟。

零售支付市场不同于其他市场，从横向看，支付主体众多，包括商业银行、支付机构、通信运营商、专业清算组织（银联）、特许支付服务组织等，多元化的支付服务组织意味着利益诉求的多样化，难以在市场发展的过程中寻找到平衡点，容易形成过度竞争、各自为战的格局。从纵向看，支付产业链条相对较长，包括支付服务提供商、技术平台提供商（如 TSM 平台）、终端设备制造商、芯片供应商等，处在产业链条上的各类主体都争抢成为产业链的核心，以期在产业链塑造的过程中占据主导地位，导致专业化的分工模式难以成型。从过去的发展情况看，无论是从横向看，还是从纵向看，商业合作模式与产业发展的实际需求相比都存在着一定程度的滞后性。然而在近期，支付市场在商业合作模式上则出现了较为清晰的路径，在横向上，不同支付主体之间的合作较以往相比不断增多且更加理性，在银行与支付机构之间，银行与通信运营商之间，通信运营商与支付机构之间，通信运营商与银联之间，形成了若干个小的支付圈。从纵向看，产业链条上的各类支付主体都在加速明晰自己的位置，利用自身的要素禀赋和比较优势，共同构造分工明确、布局合理的产业链体系。可以预见，经过一段时期的探索和磨合，经过横向和纵向的交叉发展，各个小的支付圈会都逐渐融入到大的支付生态体系之中，形成要素高效配置、功能齐全、布局合理的商业合作模式。

（四）　零售支付体系在中国发展的总体趋势

基于人口规模庞大、城乡金融失衡及金融抑制等因素的存在，中国成为全球零售支付体系发展的经典样本。零售支付的交易规模在不断扩大，在金融服务中的作用在不断提升。

1. 市场规模扩大化。

零售支付在中国的发展既有央行推动的零售支付体系的统筹安排，也有市场根据需求进行的创新性零售支付应用，呈现出了多样化的生态体系。在央行的推动下，在商业银行、第三方支付等零售支付主体的积极参与下，零售支付市场规模加速扩张，形成了银行卡等传统零售支付业务和移动支付、网络支付等新兴零售支付业务并驾齐驱的发展格局。

2. 应用场景广泛化。

中国的零售支付呈产业化、集群化发展，并且高度市场化，其服务功能大幅提升，在各行各业深入渗透，服务的边界在不断拓展、重新定位。在服务对象上，从服务于商品交易领域到服务于资金转账、居民理财、财富管理等领域，从服务于 B2C 到服务于 B2B 和 C2C，从服务于电商企业到服务于各行各业。在服务形态上，从银行卡形态的非平台化运营到支付宝、财富通等平台化运行，开放度和参与度大幅提升，资源集聚和整合能力大幅增强。在服务流程上，从线下支付与线上支付独立运行，到线上线下打通的 O2O 模式，便捷性大幅提高。在服务层面上，从实体空间到虚拟空间，社交网络的支付成为热点。在服务空间上，从境内支付到跨境支付，支付的国际化程度大为提升。总体而言，支付服务的边界不再局限于特定领域，交易走到哪里，支付就渗透到哪里。

3. 支付系统重要化。

零售支付在服务内容及领域上表现出强特征的同时，其在金融基础设施中的地位也在不断提升。除央行布设的零售支付系统具有系统重要性之外，一些起源于草根的零售支付系统随着用户规模的大规模拓展以及与各类金融机构的广泛连接，也具备了系统重要的显著特征，比如支付宝，其庞大的用户规模、与多家商业银行的端口接入以及服务于大规模货币型基金的角色，令其具备了系统重要性的基本特征，一旦发生风险事件，传染性和扩散性很大，对金融体系的影响是深远的。可以预见，随着零售支付市场的繁荣发展，更多的零售支付系统会具备系统重要性。

4. 金融功能普惠化。

零售支付的另一个功能是推动金融普惠，使所有人都能够享受到应有的金融服务。金融普惠的推广从根本上讲有两个层面，第一个层面是需要低成本的金融服务供给，摆脱金融只服务于部分群体的现状，满足金融薄弱群体、地区的金融需求；第二个层面是对已经享受到金融服务的群体，提供更多的差异化、特色化的金融服务。零售支付与金融普惠的要求有着高度的契合性，众所周知的成本低、快捷、简便都是零售支付促进金融普惠的基本原因。零售支付的灵活特性还可以在满足同质同类的金融服务需求的同时，打造定向金融服务，提高金融服务质量及满足度。从更广阔的角度而言，零售支付的创新发展还可以促成社会福利的提升，在更加宽泛的角度促进金融普惠的发展。零售支付的发展降低交易费用、增强便利性、缓释风险[1]，由此可设定一条支付技术边界曲线（PTF，payment technology frontier）和社会无差异曲线（SI，social Indifference），来识别零售支付的发展在促进社会福利提升的过程。如图 1－1 所示，横轴代表支付成本，纵轴代表风险，随着零售支付的发展，支付成本和风险都在不断下降，支付技术边界曲线逐渐向原点移动，在与社会无差异曲线相交的过程中，用更小的成本和风险都换得了同样的福利水平。

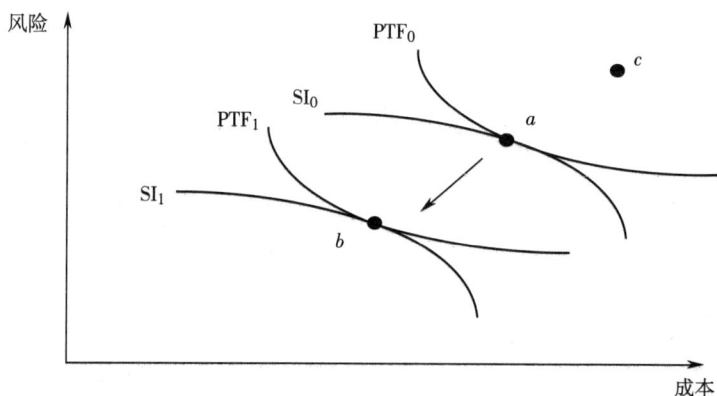

资料来源：CPSS.

图 1－1　支付技术边界曲线与社会无差异曲线

（五）　零售支付体系发展存在的问题

1. 市场分割依然存在。

零售支付市场处于产业化、市场化的转型加速期，这里边有新老零售支付主体的碰撞、有新兴支付主体之间的竞争、有不同商业模式之间的冲击、还有

---

[1]　Innovations in retail payments，CPSS，2012.

不同类别的支付服务商因利益分配问题而出现的拉锯战，市场还不能有效兼容，还需要进一步磨合和成熟。在这个发展阶段，市场分割还在一定程度上存在，比如银行和第三方支付之间的竞合使得市场服务存在摩擦，银联与第三方支付之间也存在着某些矛盾，电信运营商与第三方支付之间也存在着分歧，这些分割的存在影响了支付市场资源的有效流动和配置，高度开放共享统一的市场还有待进一步发展。

2. 收费定价需要透明和统一。

随着零售支付业务的多元化发展以及线下业务向线上业务的转型和拓展，收费定价问题越来越凸显，主要面临着以下几个方面的问题，一是线上业务缺乏明确统一的定价机制，不同业务之间的收费标准不统一，压价竞争较为混乱；二是随着线上线下业务的一体化，简单套用线下业务的收费及分润机制不再适用，利益纷争较大；三是线下零售支付业务的定价主要是银行卡的计费分润机制，虽然新的银行卡定价方案在一定程度上适应了阶段性发展需要，但随着银行卡业务种类的增多、向各行各业的渗透以及应用场景的多元化，政府定价形式将难以适应快速发展的需求。四是零售支付行业在一定程度上存在着质价不符的问题，好的产品和坏的产品都以同样的价格出售，容易逼生逆向选择和道德风险问题。

3. 标准评价及评估体系尚待建立。

零售支付体系处于一个创新发展期，在信息通信技术的推动下，涌现出了各式各样的创新性产品、工具、渠道等，提高了便利性和可得性，但风险也伴随而生，有可预测的风险、也有不可预测的风险，有的产品可以推出后即面向市场，有的产品需要有待观察后面向市场，还有的产品可能风险过大，不适宜面向市场，需要一套标准及评估体系对其进行考核和评价，设定一些量化指标，建立风险评估的升、降级制度，使消费者能够时刻享受安全便捷的产品。

4. 面临着转接清算市场开放的国际竞争格局。

零售支付的市场竞争目前已经面临着"狼来了"的压力，大型国际零售支付服务商如 Visa、Master 等都在觊觎着中国市场这块蛋糕。国际经验表明，这些国际组织的进入往往给东道国的零售支付业务带来致命性的冲击。但在国际压力下，我国很有可能在转接清算市场上进行有限开放，以平衡国际利益格局。届时，我国的零售支付组织能否顶得住压力，在国际竞争中取得优势是一个有待进一步考察的问题。但在进入国际组织前，把自身存在的问题先清理好、苦练内功，是一个明智的选择，不要使去 IOE① 这一情形在零售支付行业发生。

---

① IOE 是国际 IT 设备供应商 IBM、存储设备公司 EMC 和全球领先的企业软件巨头甲骨文公司 Oracle 三大巨头公司的简称。现在这三大巨头公司占领着国内金融机构高端机型和软件服务的制高点。目前，国内掀起了一场国产替代的热潮。

二、 互联网金融发展的主体类型及现状分析

根据《关于促进互联网金融健康发展的指导意见》，互联网金融是传统金融机构与互联网企业利用互联网技术和信息通信技术实现资金融通、支付、投资和信息中介服务的新型金融业务模式。从当前互联网金融的主体看，主要有七种类型，分别是互联网支付机构、P2P 网贷机构、互联网理财、股权众筹、网络银行、网络证券及保险、电商金融。这七类主体分别从不同渠道发挥了互联网金融功能，构建互联网金融格局，形成互联网金融细分领域，促进互联网金融发展。

（一） 第三方支付机构发展的主体类型及现状

第三方支付机构是最早的互联网金融主体，也是到目前为止，发展较为成熟、监管较为完善的互联网金融。目前，获得中国人民银行颁发牌照的第三方支付机构达到 270 家，业务涵盖网络支付、移动支付、预付卡等多种业务。从发展的情况看，在国家相关政策的支持下，有着巨大的发展空间。

1. 主要类型及发展现状。

（1）市场规模大，发展速度快。

当前，获得人民银行颁发牌照的 270 家第三方支付机构，主要包括网络支付、移动支付、预付卡、银行卡收单等业务。2014 年，第三方支付机构累计发生互联网支付业务为 17.05 万亿元，移动支付业务为 8.24 万亿元，预付卡交易规模为 0.74 万亿元，以这三类主要业务统计，第三方支付网上支付市场

规模达到 26 万亿元①，如果将第三方支付机构中的银行卡收单业务统计在内，市场规模更加庞大。表 2-1、表 2-2 和表 2-3 中分别给出了网络支付、移动支付和预付卡业务的主要数据。由表中数据可知，2014 年，网络支付业务与 2013 年相比，增长了 50%；移动支付业务是 2013 年的 6 倍左右，预付卡业务略有下降。上述内容表明，第三方支付机构中，主要业务如网络支付、移动支付等仍保持着高速增长的势头，尤其是移动支付，更是呈现出了爆发式增长的势头。

表 2-1　　　　　　　　　　　　　互联网支付业务主要数据

业务类型	单位	2013 年	2014 年
支付机构互联网支付业务规模	笔数（亿笔）	150.01	215.30
	金额（万亿元）	8.96	17.05
支付机构支付账户数量（亿个）		17.46	21.94
支付机构网络特约商户数量（万户）		79.95	163.20

数据来源：《中国支付清算行业运行报告 2015》。

表 2-2　　　　　　　　　　　　　移动支付业务主要数据

业务类型	单位	2013 年	2014 年
支付机构移动支付业务规模	笔数（亿笔）	37.77	153.31
	金额（万亿元）	1.19	8.24
支付机构移动近场支付客户数量（亿个）		0.60	1.14
支付机构移动近场特约商户数量（万户）		8.99	6.86

数据来源：《中国支付清算行业运行报告 2015》。

_____

① 数据来源于《中国支付清算行业运行报告 2015》，中国金融出版社，2015 年 6 月。

表 2 - 3　　　　　　　　　　　　预付卡业务主要数据

业务指标		单位	2013 年	2014 年
预付卡发行 业务规模	135 家以发行普通 商超卡为主	张数（亿张）	0.99	0.54
		金额（亿元）	486.54	417.44
	24 家以发行公交卡为主	张数（亿张）	0.95	0.29
		金额（亿元）	216.07	230.19
	7 家仅发行限于自身 网络支付账户充值 使用的线上充值卡	张数（亿张）	4.47	1.56
		金额（亿元）	167.19	93.25
	合计	张数（亿张）	6.41	2.39
		金额（亿元）	869.8	740.88
预付卡受理 业务规模	餐娱类	笔数（万笔）	3580.61	7016.73
		金额（亿元）	51.21	84.4
	一般类	笔数（万笔）	253490.58	102633.46
		金额（亿元）	407.78	262.44
	民生类	笔数（万笔）	31203.84	751636.9
		金额（亿元）	130.41	192.14
	公益类	笔数（万笔）	554279.8	20.31
		金额（亿元）	70.77	0.26
	合计	笔数（万笔）	842554.83	861307.4
		金额（亿元）	660.17	539.24
预付卡交易 业务规模	餐娱类	笔数（万笔）	2396.17	5539.42
		金额（亿元）	30.87	61.2
	一般类	笔数（万笔）	248993.01	100386.08
		金额（亿元）	318.96	7162.88
	民生类	笔数（万笔）	30513.81	751189.57
		金额（亿元）	117.86	184.9
	公益类	笔数（万笔）	781.21	20.01
		金额（亿元）	8.87	0.26
	合计	笔数（万笔）	282684.2	857135.08
		金额（亿元）	476.56	7409.24

续表

业务指标		单位	2013 年	2014 年
预付卡特约商户	特约商户数	家	90013	95705
	网店数	家	291179	306603
	受理终端数	台	632705	814915

数据来源:《中国支付清算行业运行报告 2015》。

（2）市场集中度高，支付宝、财付通等市场领先企业具有较强的竞争优势和市场覆盖率。

在第三方支付机构的主要业务领域中，网络支付、移动支付是主体，其中，网络支付是大头，移动支付虽然增速很快，但总体业务量还相对较小，因此，第三方支付中网络支付业务的规模基本代表着市场集中度水平。从网络支付的市场覆盖面和占有率看，市场领先机构居于主导地位。交易金额排名全国前十位的支付机构业务量之和占支付机构互联网支付业务总金额的87.11%，市场高度集中。根据中国支付清算协会统计数据，在我国第三方支付机构的网络支付业务中，交易规模在 10000 亿元以上的机构有 4 家，分别是财付通、支付宝、北京百付宝、广州银联网络支付公司，这四家机构业务量占交易总额的 64.7%；交易规模在 1000 亿元至 10000 亿元之间的机构有 14 家，其业务量占交易总额的 31.36%；交易规模在 100 亿元至 1000 亿元之间的机构有 20 家，其业务量占交易总额的 3.64%；交易规模在 10 亿元至 100 亿元之间的机构有 10 家，其业务量占交易总额的 0.29%；交易规模在 1 亿元至 10 亿元之间的机构有 4 家，其业务量占交易总额的 0.007%。需要指出的是，支付宝因为将大量的业务迁移到移动端，其网络支付市场地位从首位退居次位。

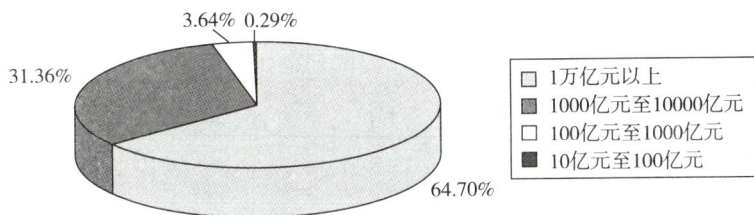

图 2 - 1　2014 年支付机构互联网支付业务量区间分布情况

表 2 - 4　　　　第三方支付机构网络支付业务前 18 家统计排名

序号	机构名称	市场占有率
1	财付通支付科技有限公司	
2	支付宝（中国）网络技术有限公司	64.70%
3	北京百付宝科技有限公司	
4	广州银联网络支付有限公司	
5	上海银联电子支付服务有限公司	
6	快钱支付清算信息有限公司	
7	通联支付网络服务股份有限公司	
8	平安付科技服务有限公司	
9	中国移动电子商务有限公司	
10	银联商务有限公司	
11	拉卡拉支付有限公司	31.36%
12	天翼电子商务有限公司	
13	上海汇付数据服务有限公司	
14	迅付信息科技有限公司	
15	上海盛付通电子支付服务有限公司	
16	上海富友支付服务有限公司	
17	易宝支付有限公司	
18	深圳快付通金融网络科技服务有限公司	

资料来源：中国支付清算协会。

（3）移动支付、跨境支付、二维码支付成为市场资源配置重点。

2014 年，支付机构处理移动支付业务 153.31 亿笔，金额 8.24 万亿元，分别比上年增长305.9%和592.44%。从市场占有率看，支付宝、财付通、拉卡拉、上海银行电子、联动优势5家机构位列前五，市场份额超过50%。移动支付之所以快速发展，主要是由于以下三个方面，一是移动支付渠道不断增多，日新月异，层出不穷。声波支付、指纹支付等各类新兴支付工具不断涌现，使移动支付更加具体，载体更多，支付渠道的拓展为消费者提供了多维的支付空间，可根据自身偏好和移动终端的便利性进行移动支付选择，促成了移动支付的高速发展。二是以O2O模式为载体，打通了线上线下通道，塑造了移动支付的闭环生态体系。当前，O2O已经成为互联网应用的热点，线上线下一体化加速前行，而这也正是移动支付应用切入点，依托O2O这种载体，移动支付广泛渗透到各个行业，改造各类产业，打车软件、微信红包等应用是移动支付在O2O领域应用的典型。三是当前智能手机成为移动支付应用的催化剂。智能手机已经成为主流，对传统手机形成了全面式的覆盖，并且每年在以75%的速度保持着增长，著名手机品牌如三星、苹果等都在往手机上加载移动支付功能，可以说，移动支付体验的好坏，已经成为全球手机供应商赢得消费者青睐的一个重要砝码。

跨境支付迅速发展。据国家外汇管理局相关数据显示，2014年，支付机构通过试点业务累计办理相关收支17亿美元。跨境支付的高速发展的原因主要有如下几个方面：一是国际贸易线上线下渠道的打通，促进了跨境支付的大发展。传统的国际贸易中主要是企业与企业之间、出口商与进口商之间的一对一交易，通过贸易合同的签订、银行资金的划转来实现贸易往来，贸易完成后，进口商再将商品销售到所在国市场。而当前国际贸易的形式发生了很大变化，不再仅仅是进口商与出口商之间的贸易行为，个体消费者直接参与到了国际贸易的往来之中。跨境电商的发展使消费者可以直接在网站上下单，通过移动支付、网络支付等完成资金划转，再通过高效的线下物流完成配送。在这个环节中，进口国的消费者直接与出口国的企业对接，国际贸易流程大幅缩短，消费者选择面扩大，自由度更高，交易也更为灵活多样。根据商务部的数据，目前，我国跨境电商平台企业超过 5000 家，跨境电商规模超过 30000 亿元。市场主体不断增多，市场规模不断扩大，已成为了电子商务市场一个重要拓展的领域，许多大型跨境电商也在这个市场中跨越式发展起来，如阿里的天猫国际、亚马逊的海外购、网易的考拉海淘、顺丰的顺丰海淘，这些企业在跨境网络平台、跨境支付技术、跨境物流的支撑下，实现了高速发展，成为电商市场中一类闪亮的群体。二是人民币国际化的发展，大幅降低了跨境支付的障碍。跨境支付业务涉及的一个关键问题就是货币汇兑问题。如果一个国家货币的国际化程度很低，不是储备货币、计价货币、结算货币，则在跨境支付中需要面临着不同货币的汇兑问题，大幅提高跨境支付的货币结算成本。从我国近两年来跨境支付快速发展的原因来看，与人民币国际化进程的加速有着非常紧密的关系。据中国人民大学发布的《人民币国际化报告 2015》的数据显示，人民币国际化指数已经从 2009 年底的 0.02% 提高到了 2014 年底的 2.47%，五年间增长了 120 余倍。2014 年，人民币直接投资额为 1.05 万亿元，同比增长96.5%，人民币在全球资本和金融交易中的份额达到了 2.8%，与此同时，中国人民银行已与 32 个国家或地区的货币当局签署货币互换协议，总额 3.1 万亿元，并且，据报告预测，未来两年内人民币有望成为全球第四大国际货币。而据环球银行金融电信协会（SWIFT）报告，中国与 170 多个国家实施了跨境人民币支付。人民币国际化进程的加速为跨境支付提供有利的条件，营造了有利的环境，促进成了跨境支付的发展。三是我国高度重视跨境支付的发展，通过系列政策的推出为跨境支付提供政策保障。跨境支付是促进电商发展、便利国际贸易、提高消费者福祉的重要方式，国家高度重视跨境支付的积极作用，通过一系列政策的制定来持续促进跨境支付发展。国家外汇管理局于 2013 年 3 月出台了《支付机构跨境电子商务外汇支付业务试点指导意见》，并制定了跨境支付的试点城市，上海、北京、重庆、浙江、深圳获得资格，成为首批跨境支付的试点城市。在这些试点区域内，支付机构可以为电商客户办理跨境收付汇和结售汇业务。上海自贸区成立后，利用其支付机构集中的优势，高度重视跨境支付带来的机会，将其视为自贸区内金融改革的一项重要内容，于 2014 年 2 月制定了《关于上海市支付机构开展跨境人民币支付业务的实施意见》，并给 22 家支付机构颁发了跨境支付业务牌照。这些政策有力地推动了跨境支付的发展，为跨境支付提供了持续的政策红利。

二维码作为一种新兴支付工具，将是 O2O 模式的主要载体，虽然监管部门还尚未明确表态鼓励其发展，但正在抓紧制定二维码支付的相关技术标准、业务标准等规范，当相应的规则明朗后，二维码支付可能迎来发展的春天。从市场反应看，由于对二维码支付的极度看好，主要第三方支付机构及银行主体都在积极拓展二维码支付的场景应用，这块业务未来也可能成为市场争夺的热点。

表 2 - 5 　　　　　　开展二维码支付的主要支付机构和银行

厂商	产品类型	账户归属	收款/付款模式	应用场景	应用范围	业务描述
支付宝	商户扫描二维码收款	第三方账户支付和银行卡账户	收款	账户类	线上线下相结合	在实体商户中，用户付款时通过支付宝手机客户端展示一个二维码，商家扫描后到支付系统后台扣款（需要用户确认）
	用户扫描二维码支付	第三方账户支付和银行卡账户	付款	订单类	线上线下相结合	在实体商户中，用户用支付宝手机客户端扫描商户展示（由支付宝生成）的订单二维码，到支付后台查询该订单后在手机上确认付款

续表

厂商	产品类型	账户归属	收款/付款模式	应用场景	应用范围	业务描述
财付通	商品扫码支付	第三方账户支付和银行卡账户	付款	商品信息类	线上线下相结合	在自动售货机，每个商品都有一个唯一的二维码，用户用手机微信客户端扫码后跳转到商品信息页面，并点击页面的下单按钮进入支付流程
	手机扫码支付	第三方账户支付和银行卡账户	付款	订单类	线上线下相结合	商户根据财付通的规则，生成订单二维码，用户扫描后支付后台系统完成二维码校验和订单生成。用户通过确认推送到微信客户端的订单信息完成付款
	手机被扫支付	第三方账户支付和银行卡账户	收款	账户类	线上线下相结合	业务流程类似于支付宝的"商户扫描二维码收款"类型
易宝支付	哆啦宝二维码支付	银行卡账户	付款	订单类	线上线下相结合	在餐饮行业中，哆啦宝将订单信息以二维码的形式嵌入业务水单中，用户通过合作银行的手机银行客户端扫描后得到后台验证的订单信息，在手机银行客户端完成支付

厂商	产品类型	账户归属	收款/付款模式	应用场景	应用范围	业务描述
天翼电子商务	付款类业务	第三方账户支付	付款	账户类	线上线下相结合	用户通过翼支付客户端的扫码功能扫描商户二维码（天翼电子生成的固定二维码），并输入交易金额、交易密码等信息即可完成线上支付，商户通过交易短信提醒等手段确认收款成功
	收款类业务	第三方账户支付	收款	账户类	线上线下相结合	用户使用翼支付客户端生成一次性的加密二维码，商户使用扫描设备扫描用户二维码完成扣款
高汇通	微乐付业务	第三方账户支付	收款	账户类	线上线下相结合	基于微信的公众账号实现。客户的个人识别号码以二维码的方式来展现，商户扫描该二维码并验证通过后，用户通过 POS 机输密完成交易确认
	预付卡AP业务	第三方账户支付	付款	订单类	线上线下相结合	用户通过高汇通 APP（登录账户已绑定预付卡）扫描商户端生成的订单二维码，并在手机端确认付款后完成交易

厂商	产品类型	账户归属	收款/付款模式	应用场景	应用范围	业务描述
中国银行	个人转账类	银行卡账户	付款	账户类	纯线上	付款人通过中国银行手机客户端扫描收款人展示的个人账户二维码（由中国银行后台系统生成，并展示在手机银行客户端），完成收款人的快速填单操作，输入金额后确认转账
工商银行	线上商城购物转手机支付	银行卡账户	付款	订单类	纯线上	工商银行电脑版网上商城在用户提交订单后展示该订单对应的二维码，用户通过工行手机客户端扫描后获取该订单信息，并于手机客户端完成付款操作

资料来源：《中国支付清算行业运行报告2015》。

2. 我国支付机构快速发展的原因剖析。

（1）符合时代、技术和产业发展潮流，是生产力发展到一定阶段的客观结果。

自21世纪以来，电子信息技术得到了前所未有的发展，互联网产业高度繁荣，在全球范围内呈现出了创新加速、革新前进的格局。其中，一个最重要的特点是互联网技术在百姓生活中的边际创新能力不断增强，高度渗透到消费者的日常生活中，掀起了一股以互联网改造日常生活方式的热潮。可以说，当今全球都坐在了互联网的高速快车上，享受着互联网带来的便捷、效率和舒适。从国外的 Square、Facebook 到我国的腾讯、阿里、百度，这些互联网公司能够在近几年来发展得如此成功，充分反映了网络技术、消费者需求、时代潮流的叠加与复合。现代支付技术就是互联网在改变生活方式中的一个典型性缩影，也是网络技术与百姓生活融合的一个创新性代表，更是生产力发展到一定阶段的客观结果。通过移动支付、网络支付等各类支付工具、场景、渠道、方式的创新，将资金流转的通道无限加速，使支付组织结构无限扁平，使支付效率无限提升，使支付体验无限舒适。目前，支付已经从金融业的后台走向前台，呈现出规模化、产业化、集群化趋势，得到了金融资源配置的倾斜。技术在发展、产业在发展、时代在发展，生产力在飞跃，支付行业在腾飞。

（2）经济形态、金融形态的交织叠加与变迁促进支付的网络化与移动化。

当前，经济形态在发生着革新性变化，其中线上经济、平台经济、网络经济等逐渐成为总量经济中的重要组成部分，尤其是在经济增量部分，这部分经济的比重在不断提高。各行各业都在趁着"互联网＋"的大潮布局线上，第一产业、第二产业、第三产业都在利用自身优势，加速寻找互联网化的切入点，积极向线上迁移。在某些领域，线上业务已经对线下业务形成高度替代，如商业百货领域，近年来许多大型商场超市的业务不断萎缩，与线上零售百货业务的蓬勃发展形成了截然不同的态势。据联商网《2015 年上半年主要零售企业关店统计》显示，截至 2015 年 6 月 30 日，主要零售企业（含百货、超市）在国内共计关闭 121 家，其中万达百货以关店 10 家的数量居于榜首。此外，7 月份又传出万达百货将继续关店 40 余家的消息，再次引起行业震动。①作为兴盛一时的万达百货，一直是商业百货的风向标之一，其业务的萎缩和衰退与百货业务的线上迁移有着很大的关系。2014 年中国电子商务交易额（包括 B2B 和网络零售）达到约 13 万亿元，同比增长 25％。而 2014 年全年网上

---

① 赵新星、许蕾：《万达"壮士断臂"，百货业路在何方？》，载《南方日报》，2015 年 7 月 24 日。

零售额为 27898 亿元，比上年增长 49.7%，占社会商品零售总额的比例超过了 10%。平台经济、网络经济正在潜移默化且势头迅猛地向各经济领域渗透。经济形态的变迁同时引致了金融形态的变迁。金融是为商业交易服务，传统上，在线下商业交易为主导的时代，金融也适应其需求，通过资金融通、支付划转为其提供金融服务。但随着经济形态的线上化变迁，对金融服务提出了更高的要求，对于线上经济而言，网络化、移动化、便捷化、高速化、自由度已经成为标配。因此，金融也在随着经济变革发生变迁，线上支付、线上信用评估、线上融资成为金融业的标配与趋势。如果金融服务机构布局线上业务很可能在未来的网络化大潮与竞争中丧失主导地位，甚至衰退与消失。经济形态、金融形态的双重变迁为第三方支付机构创造了难得的发展机遇和空间，由于支付与经济形态联系最为紧密，能够敏感地捕捉到经济形态的变化与需求的调整，同时支付又是金融业的前端，因此，在经济形态与金融形态的交织变迁与叠加效应下最先诱导了这轮金融变革的大潮。

（3）支付行为网络化、移动化的"棘轮效应"逆向催生现代新兴支付的繁荣。

西方经济学在论述消费者的消费行为时，用"棘轮效应"来说明人的消费习惯在形成之后具有不可逆性，向上调整容易，而向下调整很难。对于支付而言，同样存在着这种"棘轮效应"。当前，各种新兴支付方式已经广泛渗透并覆盖到了各类日常生活，消费者对网络支付、移动支付等新兴方式的使用已经成为习惯，更是生活的一个组成部分。新兴支付方式的成熟度与渗透率在不断增加，消费者的新兴支付习惯已然形成。现在很难想象消费者再回到用大量现金交易或长时间去银行排队的景象。历史潮流在滚滚向前，支付革命在日新月异，老旧的支付方式一去不复返。尤其是随着人口结构的变迁，当"80 后"、"90 后"成为社会经济发展的主力，同时也是社会消费的主力时，新兴支付方会更加受到偏爱。并且在"棘轮效应"下，支付的体验只能更好，效率只能更高。当前，支付宝、财富通、微信支付等消费者的规模已然非常庞大，充分证明了新兴支付方式的社会及经济价值。在"棘轮效应"的促动下，消费者对支付体验提升的偏好会成为支付创新发展的内生动力，逆向催生新兴支付更加繁荣的发展。

（4）应用场景的多元化与广泛化促成了支付技术的落地，加速向生产力转化。

随着支付的发展，支付产品、工具等从过去的创新端为主，逐步向场景端迁移。即前些年更注重新的支付产品、渠道、工具等方面的创新，希望设计出更多的网络支付、移动支付产品，支付资源也主要在这个范围内配置与倾斜，但当支付产品、工具等有了一定的存量后，产品端的创新的边际效用开始下降，如果再过度进行创新，已经超出了当前经济金融的承载能力。目前，支付开始向场景端转化，即如何将已有的支付产品、工具等更好地与生活相结合，更好地应用在实际领域中，推动新的商业模式和盈利模式的形成，促使支付技术向现实生产力的转化。这也是支付机构在未来一段时间竞争的焦点。从当前看，基于线上线下结合的 O2O 模式主导了这场场景制革命。通过大数据、地理识别等前言技术，支付产品、工具、渠道等开始加速向各类场景渗透和应用，市场也开始将资源重点向各类场景的应用配置。滴滴打车、物流、快递等领域已经将现代支付技术进行了普及式应用，并且通过上述领域快速向其他领域延伸和拓展。随着各类支付应用场景的规模化、普及化发展，支付技术、产品、渠道等与应用的高度衔接，会大幅度缩短支付从理念、技术、产品到应用的环节以及提升向生产力转化的效率，更好地促进支付的发展。

（5）银行卡清算市场全面放开、清算机构准入管理为第三方支付提供更多发展机会。

2015 年 4 月，国务院印发了《国务院关于实施银行卡清算机构准入管理的决定》（以下简称《决定》），自 2015 年 6 月 1 日起实施。《决定》对全面开放银行卡清算市场作出了制度安排，在银行卡清算业务领域形成具体明确的准入规则和管理制度。《决定》规定，符合条件的企业法人可依程序申请成为专门从事银行卡清算业务的机构，境外机构也可通过申请设立银行卡清算机构参与我国人民币的银行卡清算市场，有助于国内市场形成多个银行卡品牌同台竞争的市场化格局，为产业各方提供差异化、多样化的银行卡清算服务。银行卡清算机构的申请程序分为筹备和开业两个阶段，申请人应按照法定程序向中国人民银行提出申请，中国人民银行在征求中国银行业监督管理委员会同意后，在规定的时限内作出批准或不予批准的决定，决定批准的，由中国人民银行颁发银行卡清算业务许可证。基于银行卡清算机构的盈利空间和银行卡品牌的稀缺性，在清算市场放开后，有实力的第三方支付机构将进入申请清算机构牌照的环节，获批机构的盈利模式将发生较大转变，更加多元，业务增长点也将出现更大空间。

（二）　P2P 网络借贷机构发展的主体类型及现状

在中国人民银行等十部委发布的《关于促进互联网金融健康发展的指导意见》中，对网络借贷进行了如下界定，网络借贷包括个体网络借贷（即 P2P 网络借贷）和网络小额借贷。个体网络借贷是指个体和个体之间通过互联网平台实现的直接借贷。个体网络借贷要坚持平台功能，为投资方和融资方提供信息交互、撮合、资信评估等中介服务。个体网络借贷要明确信息中介性质，主要是为借贷双方的直接借贷提供信息服务，不得提供增值服务，不得非法集资。网络小额借贷应遵守现有小额贷款公司的规定，发挥网贷优势，努力降低融资成本。

1. P2P 网络借贷机构的主要类型。

从业务开展和市场定位上看，我国网络借贷机构根据资源优势、要素禀赋、业务内容、商业模式等形成了形式较为多样、种类较为丰富的主体类型，经归纳和梳理，主要类型包括以下几个方面。

（1）纯线上模式。在我国P2P网贷平台中，纯线上模式相对较少，但在以网络为依托开展的互联网金融业务中，纯线上模式因其经营的独特性又最具代表性，目前代表性企业是拍拍贷。从纯线上模式的服务内容和业务流程看，网络是借款人和投资人的主要连接渠道，通过网络载体将双方有效需求进行撮合。纯线上模式具有如下优点：一是纯粹依托网络化运营，运行成本低，工作效率高；二是信用审核、风险评估都是依据大数据的信用风险识别模型以及大数据的分析来实现，审批效率高；三是由于集中在小额领域，对用户市场细分的情况把握较高，情况摸得较透。纯线上模式的劣势主要有：一是在国内信用体系不成熟的情况下，信审的可靠性可能较低，容易出现坏账率；二是在对投资者的保护上，虽然也设立风险保障金，但不是全额承担消费者的损失，对投资者进行有限保障，需要更加强调投资者的自我风险防范意识和风险管控能力。虽然这种纯线上模式当前规模还不大，运营机构数量相对较少，但被国内视为未来P2P网贷业务模式发展的主要方向之一。

（2）担保/抵押模式。顾名思义，这类P2P平台在业务开展中将抵押或担保引入了业务流程之中。其主要模式是分两种，一种是充分发挥担保作用，对各笔借款提供保障，提高风险防范能力，第三方担保公司成为业务流程中的一个重要角色。另一种是借款人在借款时，需要向P2P平台提供一定的抵押品，这种形式类似于银行贷款，通过抵押资产提升抗风险能力。对于担保模式而言，借款的违约风险完全由担保公司承担。担保公司的风险承受能力和合规经营水平直接影响着平台的风险防范能力，因此，对担保公司的资格、鉴定、监督等非常重要。对于抵押模式而言，由于个人出具了一定程度的资产作为抵押，违约风险相对较小，借款人也因此可以获得成本较低的资金。目前，在我国 P2P 平台中，陆金所、开鑫贷主要采用的是这种业务模式。

（3）债权转让模式。这种模式主要是通过线下途径获得投资人和借款人，在投资人和借款人之间加入了一个中介，即专业放款人。其主要业务流程是，专业放款人先通过自有资金进行放贷，放贷后把债权转让，转让对象就是投资人。在这种模式下，一方面，专业贷款人可以将转让债权获得的资金再次进行放贷；另一方面，投资到期后，专业贷款人可以将债权转让给下一位投资人。这种模式可以将缺乏流动性但能够产生预期现金流的资产（即债权）在平台上销售和流通，具有明显的资产证券化特点。在这种模式中，借款和投资双方主要来自线下，也有部分纯线下 P2P 平台从线上获取少量投资者。这种模式通常将理财产品进行包装销售债权，是一种非典型性的网贷模式，具有一定的资金池特征，如果风险防控不足，信息披露不到位，可能会出现期限错配的风险。在 P2P 主体中，宜信是主要代表性企业。

（4）O2O 模式。该模式下，主要是通过小贷公司或担保公司推荐借款人，他们通过审核，将合格的借款人推荐给 P2P 网贷平台，P2P 网贷公司再将这些经过审核后的借款人信息在平台上给予公布，投资人根据平台所公布的信息进行选择并投资。在这个过程中，小贷公司或担保公司除了负责审核并推荐借款人外，还要对这笔借款负有担保责任或连带责任。从分工上看，投资人和借款人由 P2P 公司和小贷公司分别来拓展，即投资人由 P2P 公司来开发，借款人由小贷公司或担保公司来开发，形成了借款人和投资人分离的模式，好处是提高运转效率，但这种隔离借款人与投资人的模式容易出现较大程度的信息不对称，从而导致诱发道德风险。一方面，P2P 公司在对投资人的审核上放松标准，另一方面，小贷公司或担保公司在借款人的审核上也可能放松标准。因此，这种模式下，双方之间的磨合成本较高，对信用风险及流程控制能力的要求也较高，向上 360、互利网等为这种业务模式的代表性企业。但整体而言，在这种模式下，自主经营的可控性较强，征信服务质量相对较高，网贷平台的经营模式较为稳定，受到了市场较大程度的青睐。

（5）P2B（Person to Business）模式。这种模式是常规P2P网贷业务的衍生，主要业务模式是个人向企业提供借款。为规避贷款集中度过高，如某单个企业从借款人得到大量授信，从而带来风险的现状，在实际业务开展中，通常借款先由企业的实际控制人进行管理，借款企业从实际控制人那里获得款项。在P2B模式中，需要P2P平台有很强的尽职调查能力和风控能力，如果尽职不到位、风控不到家，很可能形成很大的潜在风险，即使在有担保公司的情况下也难以对风险有效覆盖。因此，对P2B模式下的网贷平台的风控能力提出了更高的要求，积木盒子是这种类型的企业的代表。

（6）混搭模式。混搭模式的P2P平台采取多种方式拓展业务，既有线上业务，也有线下业务，采用综合性的模式开发投资者和借款人。在风险控制上，采用多种方式，既有线上审核，也有线下尽调，还会引入第三方担保控制风险，不拘泥于某种固定的业务模式，调性代表性企业是人人贷。从当前市场情况看，混合模式比较灵活，能够广泛利用各种业务拓展客户，因此，采用也最为广泛。

2. P2P网贷平台发展现状。

（1）平台数量不断增多，市场规模不断壮大，参与人数不断扩大

根据第一网贷的数据显示，随着互联网金融的火热发展，P2P网贷数量不断增多，到2015年5月底，全国P2P网贷平台数量超过3000家，呈现出高速增长的态势，充分显示了P2P受到了金融市场资源的高度倾斜。在网贷平台数量不断增多的同时，P2P网贷平台的交易规模也不断增长，增速迅猛，2015年5月的数据显示，在可统计的范围内，P2P网贷的贷款余额为2169.32亿元，与4月份相比，增加了181.75亿元，增速达到9.14%。与去年同期相比，

增速更加迅猛，2014 年同期，P2P 网贷余额为 686.65 亿元，2015 年，在绝对规模上增加 1509.67 亿元，增速高度 219.86%。在数量不断增多，市场规模不断扩大的同时，P2P 平台参与人数也不断增长，受到了消费者的高度青睐，数据显示，2015 年 5 月，P2P 网贷平台参与人数日均达到 19.01 万人，比上月增加 3.33 万人，增长了 21.24%。2015 年 5 月，P2P 网贷平台的参与人数比 2014 年同期增加 13.64 万人，上升了 254%。一系列的数据表明，P2P 网贷平台迎来了大发展的时期。

表 2 - 6　　　　　　　　2015 年 5 月底全国 P2P 网贷平台数量　　　　　　单位：家

样本	非样本、统计	观察、不统计	合计
2553	332	464	3349

资料来源：第一网贷。

表 2 - 7　　　　　　　　2015 年 5 月底全国 P2P 网贷贷款余额

时间			贷款余额（亿元）	较上一期	
				+、-（亿元）	增长（%）
2014 年上半年	第一季度	1 月底	405.36	53.14	15.09
		2 月底	421.99	16.62	4.10
		3 月底	519.3	97.31	23.06
		第一季度末	519.3	167.08	47.43
	第二季度	4 月底	591.1	71.8	13.83
		5 月底	686.65	95.54	16.16
		6 月底	735.42	48.77	7.10
		第二季度末	735.42	216.12	41.62
2014 年下半年	第三季度	7 月底	848.27	112.85	15.34
		8 月底	1015.87	167.6	19.76
		9 月底	1100.69	84.82	8.34
		第三季度末	1100.69	365.27	49.66
	第四季度	10 月底	1183.77	83.08	7.55
		11 月底	1271.41	87.64	7.40
		12 月底	1386.72	115.31	9.07

续表

时间			贷款余额 (亿元)	较上一期	
				+、- (亿元)	增长（%）
2015 年	第一季度	1 月底	1503.61	116.89	8.43
		2 月底	1601.89	98.28	6.54
		3 月底	1791.79	189.9	11.85
	第二季度	4 月底	1987.57	195.78	10.93
		5 月底	2169.32	181.75	9.14

资料来源：第一网贷。

表 2 - 8   **2015 年 5 月份全国 P2P 网贷日均人数**

时间			日均参与人数 (万人)	较上一期	
				+、- (万人)	增长（%）
2014 年 上半年	第一季度	1 月份	3.86	0.35	9.97
		2 月份	3.81	- 0.05	- 1.30
		3 月份	5.50	1.69	44.36
		第一季度末	4.41	1.15	35.28
	第二季度	4 月份	5.01	- 0.49	- 8.91
		5 月份	5.37	0.36	7.19
		6 月份	5.74	0.37	6.89
		第二季度末	5.38	0.97	22.00
2014 年 下半年	第三季度	7 月份	7.01	1.27	22.13
		8 月份	8.25	1.24	17.69
		9 月份	9.76	1.51	18.30
		第三季度末	8.33	2.95	54.83
	第四季度	10 月份	10.76	1.00	10.25
		11 月份	13.10	2.34	21.75
		12 月份	13.61	0.51	3.89
2015 年	第一季度	1 月份	12.72	- 0.89	- 6.54
		2 月份	11.41	- 1.31	- 10.30
		3 月份	13.99	2.58	22.61
	第二季度	4 月份	15.68	1.69	12.08
		5 月份	19.01	3.33	21.24

资料来源：第一网贷。

（2）P2P 平台集群效应较为明显，向主要城市靠拢。

P2P 平台经过初期分散化的发展，逐渐开始呈现产业集群化特征，在经济发达、产业基础较好、政策支持力度较大的地区快速集中。截至 2015 年 5 月底，P2P 平台在广东、山东、北京分别聚集了 507 家、383 家、287 家，合计 1177 家，占到了全国 P2P 平台的三分之一还多。P2P 平台的集中化有利于形成合力，更好地促进产业链条的延伸，协同效应、集聚效应都可以因此而最大化，更大地促进当地经济的发展。

表 2－9　　　　　　2015 年 5 月底全国各省（市）P2P 网贷平台数量

序号	名称	平台数量（家）	占全国（%）
1	广东省	507	19.86
2	山东省	383	15.00
3	北京市	287	11.24
4	浙江省	272	10.65
5	上海市	207	8.11
6	江苏省	111	4.35
7	安徽省	88	3.45
8	湖北省	84	3.29
9	四川省	82	3.21
10	湖南省	66	2.59
11	福建省	61	2.39
12	重庆市	56	2.19
13	河南省	54	2.12
14	河北省	52	2.04
15	广西壮族自治区	37	1.45
16	江西省	35	1.37
17	云南省	25	0.98
18	贵州省	24	0.94
19	天津市	23	0.90

续表

序号	名称	平台数量（家）	占全国（％）
20	陕西省	23	0.90
21	辽宁省	17	0.67
22	山西省	13	0.51
23	内蒙古自治区	10	0.39
24	宁夏回族自治区	10	0.39
25	黑龙江省	9	0.35
26	新疆维吾尔自治区	8	0.31
27	甘肃省	5	0.20
28	海南省	4	0.16
	合计	2553	100

资料来源：第一网贷。

（3）利率呈逐渐下降趋势，更加趋于理性。

随着 P2P 平台的发展，资金供给端逐渐增多，行业发展经过初期白热化的竞争，也更加趋于理性，反映在资金成本上主要是利率逐渐走低，并且趋势明显。表中给出了截至 2015 年 5 月，全国 P2P 网贷平台的综合年利率走势变化图，从变动趋势上看，无论是从同比的角度还是从环比的角度看，资金利率都呈现出了快速下降的趋势。2015 年 5 月，全国 P2P 网贷平均综合年利率13.65%，与 2014 年 5 月份的年利率相比下降了 5 个百分点，下降幅度非常明显；与 2014 年全年平均利率相比下降了 3.87 个百分点。2015 年 5 月份的 P2P网贷利率与前几个月相比也呈现明显下降趋势，表中数据给出了详细说明，这里不再详细阐述。通过 P2P 平台的利率走势看，走过了畸高的阶段，行业逐渐从狂热式发展向理性发展回归，这更有利于促进行业的健康稳定，也更有利于服务小微企业，缓解实体经济融资难、融资贵的难题。

表 2 – 10　　　　　　2015 年 5 月全国 P2P 网贷平均综合年利率　　　　单位:%

时间			年利率	较上一期	较上年度	较基期
2014 年 上半年	2014 年 第一季度	1 月份	22.30	0.42	−2.63	−1.13
		2 月份	22.34	0.04	−2.59	−1.09
		3 月份	19.52	−2.82	−5.41	−3.91
		第一季度末	21.11	−2.59	−3.82	−2.32
	2014 年 第二季度	4 月份	19.32	−0.20	−5.61	−4.11
		5 月份	18.64	−0.68	−6.29	−4.79
		6 月份	18.24	−0.40	−6.69	−5.19
		第二季度末	18.69	−2.42	−6.24	−4.74
	上半年		17.67	−7.33	−7.26	−5.76
2014 年 下半年	2014 年 第三季度	7 月份	18.23	−0.01	−6.70	−5.20
		8 月份	17.62	−0.61	−7.31	5.81
		9 月份	16.96	−0.66	−7.97	−6.47
		第三季度末	17.54	−1.15	−7.39	−5.89
	2014 年 第四季度	10 月份	16.70	−0.26	−8.23	−6.73
		11 月份	15.94	−0.76	−8.99	−7.49
		12 月份	14.78	−1.16	−10.15	−8.65
		第四季度末	15.73	−1.81	−9.20	−7.70
	下半年		16.51	−1.16	−8.42	−6.92
2014 年			17.52	—	−7.41	−5.91
2015 年	2015 年 第一季度	1 月份	14.12	−0.66	−3.40	−9.31
		2 月份	13.56	−0.56	−3.96	−9.87
		3 月份	13.69	0.13	−3.83	−9.74
		第一季度末	13.77	−1.96	−3.75	−9.66
	2015 年 第二季度	4 月份	13.28	−0.41	−4.24	−10.15
		5 月份	13.65	0.37	−3.87	−9.78

资料来源：第一网贷。

（4）借款期限有不断延长的态势。

从总体趋势上看，P2P 网贷平台的贷款期限有不断延长的势头。表中给出了 2015 年 5 月份 P2P 网贷平台借款期限分别与上月、去年同期和去年平均的比较。从比较结果看，2015 年 5 月全国 P2P 网贷平台的借款期限为 5.67 个月，而 2015 年 4 月，借款期限为 5.39 个月，2014 年同期的数据为 5.02 个月。相比较而言，2015 年 5 月的借款期限比 2015 年 4 月延长了 0.28 个月，增长了 5.19%。与去年同期相比，2015 年 5 月的借款利率延长了 0.65 个月，增长了 12.95%。借款期限的延长可以更好地促进 P2P 网贷行业的发展，减少借款的信用压力。

表 2 - 11　　　　　2015 年 5 月份全国 P2P 网贷期限（月）

5 月份	上月份	去年同期	去年平均	基期	较上月份	较去年同期	较去年平均	较基期
5.67	5.39	5.02	5.92	3.52	0.28	0.65	-0.25	2.15

资料来源：第一网贷。

（三）　互联网理财发展的主体类型及现状

互联网理财是互联网企业与基金、银行等传统金融机构合作，利用互联网的线上优势，将线下理财业务搬到线上，通过这类形式募集的资金用于投资，利用投资收益向理财产品持有者支付本息的业务[1]。互联网理财除了具有高速、便捷、广覆盖等优势外，更为显著的特征是互联网理财能够将众多小额闲置资金集中起来用于投资领域，基本没有额度限制，而线下理财更多的是有额度要求，门槛较高。因此，互联网理财是一种"屌丝"式的理财方式，满足了更多普通金融消费者的需求。表 2 - 12 是目前国内主要互联网理财产品，从单只理财产品的规模看，由于打开了普通消费者的金融理财通道，大量的理财需求得以释放，互联网理财产品呈爆发式增长，以余额宝为例，截至 2015 年 3 月底，其规模超过了 7000 亿元，成为国内最大、全球第二大的货币型基金。在示范效应的带动下，其他互联网企业与基金公司的合作不断增多，新的网上

---

[1]　张明：《中国互联网金融的发展与未来》，金融 40 人论坛报告，2013 年 11 月 28 日。

理财产品正在不断出现，加速成长。表2-12中给出了目前国内几个主要的互联网理财产品，基本是依托大的互联网平台或支付平台，将这些平台巨大流量转化成自己的资源。同时，对原有的平台形成反哺，如支付机构开设的网络理财业务一方面可以将支付机构的客户备付金转化为理财产品，减轻备付金规模的压力，缓解注册资本压力；另一方面，可以以更高的收益率提升客户黏性，吸纳资金，扩大规模。

表2-12　　　　　　　主要互联网企业推出的互联网金融产品

合作公司	产品	产品性质	认购门槛
支付宝和天弘基金	余额宝	货币型基金	1元
百度与嘉实基金	白度白发	债券型基金	1元
百度与华夏基金	百度百赚	货币型基金	1元
网易与汇添富基金	汇添富现金宝	货币型基金	1分
网易与国华人寿	添银计划	保险理财计划	1000元
苏宁云商与广发基金	零钱宝	货币型基金	1元

从互联网理财依托的资源及内容看，主要分为以下几种类型：

第一种类型是：依托于支付平台集支付、收益、资金周转于一体的互联网理财产品。代表性企业是余额宝、苏宁的零钱宝等。这类企业最明显的特点就是将支付平台的流量和资金引入理财平台之中。理财平台与支付平台打通，共享客户资源，资金可以自由流动，理财平台的业务是支付平台业务的延伸和拓展。

第二种类型是：依托大型社交平台或搜索引擎、门户网站等发展起来的互联网理财产品。代表性企业是微信理财通、百度理财计划等，这类互联网理财平台基本与母公司的社交网络或门户网站进行绑定，流量导入的方式基本依托母公司的平台优势，客户流量的大小与母公司的客户资源有着很强的关系。

第三种类型是：P2P平台开发的理财产品。这类理财产品是P2P经营模式的一种，利用P2P平台发售理财产品，将资金需求方和投资人通过理财的形式进行连接，需求方获得所需要的资金，投资人获得资金的收益。这类互联网理财产品独立性较强，没有母公司流量、客户群体的分享，更多是靠产品的研发设计和收益率的高低来吸引客户。

第四种类型是：银行开发设计的现金管理工具。代表性企业是平安银行的"平安盈"、广发银行的"智能金"等。这类互联网理财产品是银行利用互联网平台改造传统银行理财产品的销售方式，将其从线下搬到线上，在设计中充分纳入了其他互联网理财产品的 T + 0 赎回、实时转账、PC 及手机购买等优势。同时基于银行强大的信誉保障，这类互联网理财产品也受到了广泛欢迎。

第五种类型是：票据类理财产品。这类互联网理财产品是中小微企业在急需资金时，可以将银行承兑汇票作为质押，从互联网平台向投资者募集资金。如果理财产品到期，票据质押方无法偿还资金的话，则互联网平台可以持票据向银行兑付，用以偿还投资者的本金和收益。目前，票据宝、银票网都是这类企业的代表性企业。

根据中国互联网信息中心（CNNIC）的数据显示，我国互联网理财的规模不断扩大，到 2015 年 6 月，购买过互联网理财产品的网民规模为 7849 万，网民使用率为 11.8%①。总体而言，我国互联网理财产品的快速发展呈现出如下特征：

首先，创新高速，促进规模持续增长。由于适应了市场需求，市场各类金融资源加速向互联网理财产品配置。为提升竞争力，扩大市场占有率，各类主体加速互联网理财产品的创新，衍生出了众多的互联网理财模式。在创新的驱动下，互联网理财产品也由单一化向综合化模式发展，形式更加多样，内容更加丰富。从其发展演进路径来看，在发展初期，主要是以余额宝为主的"宝宝"类产品，在产品推出主体上主要是大型互联网企业与基金公司合作。其

---

① 中国互联网络信息中心，第 36 次中国互联网络发展状况统计报告，2015 年 7 月。

产品创新和设计理念主要是将货币型基金进行嫁接，将货币基金从线下搬到线上，实现其销售方式的变化，盈利来源主要是利用不同金融市场之间的价格差异，即监管套利。虽然其只是货币基金的变形及销售模式的简单变化，但其因门槛低、操作灵活、实时赎回等优势的存在而受到了市场的广泛欢迎，消费者众多。

但在"宝宝"类理财产品大规模增长之后，我国互联网理财产品的发展逐渐进入一个"瓶颈"期。主要受以下几个方面的因素影响，一是持续宽松的货币政策促使互联网理财的收益率下降。2014年下半年以来，央行连续降息、降准等宽松的货币政策使互联网理财产品的收益率不断下降，与银行理财产品相比，收益率的竞争优势并不明显，甚至消失。二是股票市场的持续火爆促使资金从互联网理财市场撤出。为取得高昂的收益，大量投入互联网理财产品的资金加速撤出，进入股票市场，权益类资产成为居民财富配置的重要方向，互联网理财受到了结构性影响。三是在互联网理财的资产端，随着同业金融间的收益率下降以及政策的约束，高收益资产难以寻觅，在负债端，互联网理财不得不降低收益率，削弱竞争优势。基于上述情形，互联网理财产品不断通过创新来促进发展，资金投资渠道开始多元化，从原来主要投向货币基金和大额存单为主的资产，开始进入权益类市场，或者是与企业直接对标，投资向特定企业，风险重新组合，促进收益提升。除资金投向发生变化外，互联网理财产品在经营形式上向平台化、标准化、定制化方向发展，金融超市成为重要发展特征，发展形态更加广泛。

其次，流量导入、销售类、社交类成为互联网理财平台的主要切入领域。互联网理财产品在网络创新的驱动下，加速利用互联网优势，跟随互联网步伐，向流量导入、销售平台及社交类领域介入和渗透。第一种是流量导入，这种模式主要是部分机构发挥网络技术优势，利用大数据等先进技术，充分把握客户偏好和需求，把自身优势有效与金融产品对接。一边连接金融产品，一边连接消费者，从中发挥中介作用，把符合消费者需要的产品进行搜索、匹配和推荐，使消费者能够以最小成本获得偏好产品。代表性企业如融360、91金融超市等都是采用流量导入模式。第二种是平台销售模式。其主要业务模式是互联网平台利用信息优势，提供各类互联网理财产品的查询、对比，并通过比较结果完成理财产品的销售过程。消费者从中可以实现各类理财产品的对比，并在移动端或PC端根据自身风险偏好及个体需求完成理财产品的购买、赎回等。目前，我国采用这类模式的互联网理财平台主要有招财宝、天天盈、挖财等。第三种是社交理财平台。这类平台主要是一些跨市场机构切入互联网理财行业，通过提供数据查询、信息订阅、交流互动等内容为消费者提供理财方案，其优势是具有较强的信息储备、市场了解、行业分析能力，提供的理财方案更具深度和精细化，如雪球财经、东方财富资讯等机构。

最后，互联网理财产品多元化趋势明显。各互联网理财公司加快产品研发和设计，充分与各类金融市场对接，加强与多方合作，促进互联网理财产品的多样化。互联网理财在发展初期，其产品主要是货币基金，但随着市场的发展，互联网理财产品在以货币基金为主的同时，快速渗透到其他领域，债券型、指数型基金等成为新的拓展领域。消费者的选择开始更多，互联网金融机构在互联网理财上的盈利模式也更加多元、更加稳定，是互联网理财继续高速发展的重要保障。

互联网理财产品之所以能够在短时间内快速发展起来，主要有以下几个方面的原因：（1）依托互联网平台，高效整合各类跨行业资源。一般而言，互联网理财机构都是跨界发展而来，横跨产业资本、互联网、金融等多个行业，可以最大限度地整合各行业资源，促进互联网理财业务的发展，如余额宝就是整合了淘宝、天猫、支付宝以及天弘基金、金证股份多个不同行业、机构的资源生成的资金增值服务。（2）互联网理财能够充分发挥长尾效应。互联网金融门槛低，可以一元起购，众多有财富增值需求但因难以达到银行的理财规模要求而无法获得服务的居民可以自由购买、自由选择，零散小额资金找到了财富增值的出口，闲置资金得到有效聚集。（3）流动性强。互联网理财产品采用新型的管理模式和运营模式，打通各个渠道和资金链条，与其他货币基金相比，具有 T+0 赎回，资金快速转账等优势，消费者在购买产品时，可以通过各类互联网平台自由实现。（4）费率低。互联网理财产品的费率较低，这也是与其他理财产品相比的一个优势。以天弘基金的"增利宝"为例，在认购、申购、赎回等方面在费率上都是零，在基金管理费上也很低，托管费、营销费的收取与低于传统金融机构，资金转入、转出余额宝及使用均不收取另外的费用，在业务流程中，支付宝对消费者也不收取尾随佣金，整体而言，各项费用都很低，受到了消费者的广泛欢迎。

（四）股权众筹发展的主体类型及现状

"众筹"一词是从英文 Crowdfunding 翻译而来，通俗地讲是大众融资或群众融资的意思，即用团购＋预购的形式进行资金的筹措。从划分上，众筹包括股权众筹、债权众筹、回报众筹、捐赠众筹等。近两年来，随着互联网的高速发展，众筹获得了快速发展的机会，其中一个直接的条件是通过互联网平台的搭建，众筹可以快速发布项目，并覆盖广泛的投资者，完全实现自动化、开放化、流线化的运转模式，这种便利性促进了众筹的成长与壮大。当前，在众筹的几种类型中，股权众筹发展的最为火热，由于契合了当前大众创业、万众创新的时代需求，还从多个角度降低了中小企业的融资难度，因此，股权众筹发展的一枝独秀，已经成为互联网金融的重要创新组织形式之一。

从定义上看，《互联网金融指导意见》将股权众筹定义如下：股权众筹融资主要是指通过互联网形式进行公开小额股权融资的活动。股权众筹融资必须通过股权众筹融资中介机构平台（互联网网站或其他类似的电子媒介）进行。股权众筹融资中介机构可以在符合法律法规规定前提下，对业务模式进行创新探索，发挥股权众筹融资作为多层次资本市场有机组成部分的作用，更好地服务创业创新企业。股权众筹融资方应为小微企业，应通过股权众筹融资中介机构向投资人如实披露企业的商业模式、经营管理、财务、资金使用等关键信息，不得误导或欺诈投资者。投资者应当充分了解股权众筹融资活动风险，具备相应风险承受能力，进行小额投资。

从股权众筹的国际发展实践看，其最先发端于美国，此后向欧洲、加拿大等发达国家以及中国等新兴市场经济体加速拓展，被世界各国快速复制。从发展规模上看，根据世界银行发布的《发展中国家众筹融资的发展前景》报告显示，过去五年间，以股权为基础的众筹平台复合年增长率为114%，自2010年以来，北美的涨幅已达到91%，而部分发展中国家涨幅则超过了800%。根据世界银行的统计数据，2013年全球众筹融资总额达到51亿美元，其中欧美市场占到90%。而据其预测，2025年全球众筹市场规模将达到3000亿美元，发展中国家将达到960亿美元规模，其中有500亿美元在中国。因此，根据世界银行的预测，未来我国的众筹还存在着巨大的发展空间。

从我国众筹发展的情况看，"点名时间"是我国最早成立的众筹机构，于2011年4月成立。以此为起点，我国股权众筹行业迅速出现了一批比较有影响力的平台，阿里、京东、平安等巨头纷纷进入众筹领域，蚂蚁达客、京东众筹、前海众筹作为这三个巨头成立的众筹平台，迅速推动了这个行业的快速发展，众筹成为互联网企业重要的创新方向之一。根据相关数据显示，2015年6月底，我国国内众筹平台共235家，共募集资金46.66亿元人民币。

从股权众筹快速发展的原因看，主要有以下几个方面：

当前，股权众筹的快速发展得益于信息技术的发展、监管政策的包容、经济结构的调整及众筹行业自身的创新。多重利好因素叠加，推动股权众筹强劲发展。从具体原因看，主要有如下几个方面：（1）信息技术的发展为股权众筹提供了支撑。信息技术、网络技术的发展促进网络支付和移动支付成为可能，通过先进的支付技术可以在互联网平台上实现资金的流动、汇集与配置，互联网与金融可以有效结合在一起，使众筹这种业务模式成为可能。（2）交易简便，门槛较低，形式灵活。股权众筹以小额分散的方式在互联网平台上筹措资金，一方面降低了投资者的门槛，资金规模和体量的自由度大幅提升，另一方面，由于形式灵活，内容广泛，投资人在投资取向上可能将兴趣、偏好、信任等都视为投资的因素，参考的因素更为广泛，而不再仅仅局限于某个特定因素。同时，便捷的投资模式、简化的交易流程使线上非面对面交易成为现实，促进了股权众筹的活跃。同时，股权众筹可以满足初创小微企业的融资，普通投资者可以直接参与，共享企业收益。（3）契合解决小微企业融资、融资贵问题的解决及大众创业、万众创新的政策导向。股权众筹面临着非常好的发展契机，国家在相关政策上给予了创新性包容和支持。第一，我国实体经济需要金融的大力支持，小微企业融资难、融资贵是一个阻碍经济发展的重要难题，国家通过多种举措引导资金流入实体经济，缓解企业融资困境，促进普惠金融、包容性金融的创新发展。股权众筹符合了这种需要，为小微企业开创了融资的新渠道，可以有效地减轻小微企业的融资压力，是解决小微企业融资难、融资贵的重要手段。第二，国家鼓励大众创业、万众创新。大众创业、万众创新是当前国家促进经济活跃的一个重要政策着力点，股权众筹与这种政策取向高度契合，是贯彻落实国家政策导向的典型性行业，顺应了创新热潮，为投资者创造了多样化的投资需求和风险偏好，受到了市场的广泛青睐，因此能够快速活跃发展起来。（4）股权众筹是建设多层次资本市场的需要。当前，我国正在加速建设多层次的资本市场，更好地促进资本市场服务实体经济发展的需要。股权众筹契合了多层次资本市场建设的需要和需求。目前，我国依靠股权众筹成长起来的企业已经崭露头角，如滴滴出行等，一大批知名众筹平台已然崛起，如天使客、众筹邦、蚂蚁达客、小米众筹等。一些互联网企业也将资源向众筹平台加大投入，包括京东、腾讯、平安、万达等资本实力强大的企业也纷纷涉足了众筹业务。这些企业在股权众筹的助力下取得了较为成功的业务和较大的市场影响力，同时也为投资者带来了较为满意的回报。

从股权众筹发展的特点看，主要有以下几个方面：

（1）股权众筹发展势头快，增速猛，成为众筹行业亮点。截至 2015 年 6 月底，全国 253 家有 253 家众筹平台，但仅仅 2015 年上半年就新增众筹平台 53 家。在这些众筹平台中，股权众筹平台达到 98 家，占比达到将近 50%。而根据世界银行的预测，未来中国众筹投资将达到 500 亿美元，其中，70% ~ 80% 的融资都将是以股权众筹的方式实现。随着股权众筹平台价值的逐渐显现以及越来越多的互联网企业或金融机构向股权众筹领域资源的倾斜与投入，这个行业将呈现更加蓬勃发展的态势。

（2）股权众筹产业较为集中，北上广居于主体，聚集效应较为明显。经济发达、基础较好、创业活跃、政策支持力度大的地区是股权众筹行业的主要集中地，从地域分布上看，北京、广东、上海成为股权众筹平台的主要选址，这些地区集中了全国主要的众筹平台。目前，从众筹平台数量看（不仅限于股权众筹），北京拥有众筹平台 58 家，广东拥有众筹平台 49 家，上海拥有众筹平台 35 家，占据了全国众筹平台的 50% 以上。其中，北京、广东、上海的众筹平台中，股权众筹占主体，如广东地区，在 49 家众筹平台中股权众筹占比达到 61.22%。

（3）股权众筹个体项目较大，行集中度较高。从股权众筹的行业分布和资金使用看，主要分布的行业领域较窄，集中度很强，如移动社交、生活服务、金融行业等是股权众筹的主要领域，汇集了大量的股权众筹资金。从投资情况看，少数企业有着较大的市场覆盖率，如天使汇在股权众筹市场中占据了领先优势，近年来成功融资项目303个，以累计融资金额来统计，达到了30亿元，以单个项目平均来算，个体项目资金将近1000万元。

（4）综合化势头较强，合投模式逐渐成为主流。在业务开展上，股权众筹经过前期的摸索，逐渐形成了直投、合伙、基金入股等多种模式，但从主流趋势上看，合投方式更被认可，成为主导方向。从平台发展特征看，一些融资平台逐渐从过去单一的融资模式向综合化融资模式延伸，拓展行业链条和业务领域，例如，众筹平台为优秀项目提供多方面的服务，在包装项目、推荐投资人、媒体公关、对接渠道等方面利用自身优势提供全面的增值服务。

（五）网络银行发展的主体类型及现状

网络银行主要是指金融服务提供者依托新兴支付技术，通过互联网络或移动网络提供的金融服务，摆脱了对传统的物理网点和柜台的依赖。从发展规模看，我国网络银行目前尚处于初步发展阶段，但在互联网金融高速发展的浪潮下，各类市场主体高度重视，纷纷加大资源投入，加码网络银行业务。其中，有从银行体系内部衍生出来的网络银行业务，也有金融体系外部跨界发展的网络银行业务，体系内外同步发力，共同推动着网络银行的发展。在我国金融体系改革不断深入的情况下，网络银行的发展有着特殊的背景，也有着特殊的意义，对我国金融市场的发展也有着很大的影响。因此，剖析网络银行的发展及影响是一个重要选题。

我们对网络银行的划分历来比较模糊，人们通常笼统地将移动支付、网络支付、网银业务、电话银行都称为网络银行。但这种划分比较勉强，我们认为，上述内容都只是一种支付工具，是一种支付渠道，是网络银行的基础设施部分或网络银行发展的依托。从网络银行发展的内涵来界定，我们认为，网络银行可划分为直销银行和纯粹性的网络银行两种类型。

1. 直销银行。

直销银行（Direct Bank）起源于国外，加拿大于 1997 年创设了首家直销银行 ING Direct，成功的商业模式使其在推出后很快便在全球多个国家得以复制和传播。囿于技术水平、金融消费习惯、银行重视程度等多种因素的影响，直销银行在我国的发展并没有与国际同步。但从 2014 年开始，银行主体开始纷纷加大对直销银行的布局，推动线上线下金融业务的融合发展，直销银行开始在我国展现了新气象，呈现了生机勃勃、盎然发展的势头。从 2014 年 2 月民生银行推出第一家直销银行以来，国内银行已经陆续推出十余家直销银行，如表 2-13 所示，兴业银行、平安银行、北京银行、上海银行、南京银行等都成立了直销银行，并且，直销银行的发展势头还在加速。不出意外的话，到 2015 年年中，直销银行的数量应该不会在 30 家以下（张诚，2014）[1]。从发展规模上看，虽然整体规模还较小，但增长迅速。以民生银行直销银行为例，从 2014 年的 2 月底到 8 月末，仅仅 5 个多月的时间，客户规模就突破了 100 万，金融资产突破 180 亿元。[2] 其他直销银行的产品在推出后也都取得了不俗的业绩。

表 2-13　　　　　　　　当前国内主要直销银行

名称	主要模式	主要产品	名称	主要模式	主要产品
民生银行直销银行	互联网平台	如意宝、定活宝、民生金、称心贷、随心存、轻松汇	上海银行上行快线	互联网平台	快线宝、安心宝、惠理财、智能存

---

① 张诚：《直销银行终将是过渡品》，新浪财经，2014 年 10 月 10 日。
② 周鹏峰：《民生直销银行客户数突破百万　资产破 180 亿元》，中国证券网，2014 年 9 月 2 日。

名称	主要模式	主要产品	名称	主要模式	主要产品
兴业银行直销银行	互联网平台	智盈宝、兴业宝、定期存款、理财业务、基金业务	江苏银行直销银行	互联网平台	惠多存、开鑫盈、放心汇、容易付、银票宝
平安银行"橙子银行"	互联网平台	定活通、平安盈、理财产品	重庆银行直销银行	互联网平台	乐惠存、聚利宝、DIY 贷
北京银行直销银行	线上"互联网平台"与线下"直销门店"相结合	目前主要是以 ATM、VTM、自助缴费终端为主	包商银行小马 Bank	互联网平台	千里马马宝宝
南京银行"你好银行"	互联网平台	鑫元宝、易得利	华润银行直销银行	互联网平台	润日增、智能存款、预付通

资料来源：作者自行整理。

　　从直销银行成立的主体看，主要集中在股份制银行和城商行，大型国有商业银行跟进的速度相对较慢。从直销银行的业务模式看，主要是以互联网平台为载体开展线上金融业务。从直销银行的产品看，主要集中于"宝宝类"货币基金、理财型产品，少数直销银行还涉足短期存款和支付业务。从直销银行快速发展的原因看，主要有以下几个方面：（1）新兴支付方式的发展为直销银行提供了支撑。网络支付、移动支付、电话支付等新兴支付方式层出不穷，支付终端高度自由化、支付场景高度碎片化、支付时间高度自主化，使直销银行的线上金融交易成为了可能。（2）互联网金融倒逼直销银行的发展。近两年，P2P 网贷平台、互联网理财产品（余额宝、微信理财通等）、众筹融资等互联网金融主体迅速发展，都从不同渠道分流了银行的存款，导致存款搬家现象日益严重，成立直销银行是银行主动应对存款搬家的重要手段。（3）直销银行是小型银行"弯道超车"的选择。我国银行体系中，大型国有银行占据主要市场，无论从客户占有率还是市场规模上都有着绝对优势，小型银行尤其是近两年快速发展起来的城商行，为提高市场占有率，积极选择了直销银行这种成本低、灵活度高、简单便捷的方式，以期达到提高市场占有率，实现后发优势的目的。

2. 新兴筹建的纯粹性网络银行。

（1）纯粹化的网络银行基本情况。

这种新兴筹建的网络银行来自银行体系之外，是在民营银行发展的大潮下，具有市场主导地位的大型 IT 公司或电商企业申请的银行牌照。这种银行是一种纯粹性的网络银行，也是一种创新性的银行尝试，是生产力发展到一定阶段的客观必然，也是消息者自愿选择的结果。纯粹性的网络银行来自草根和底层，没有国家的隐性担保，经营方式上与传统银行也有着本质的区别，基本不设立物理网点，依托网络化运行及经营，客户群体也主要是网上消费者、电商群体以及触网企业。目前，已经有 2 家民营银行定位于纯粹性的网络银行。第一家是前海微众银行，由腾讯网域、百业源、立业集团作为主发起人成立。虽然尚不明确这家银行是否会设立物理网点，但可以肯定的是，即使设立也会很少，其业务将主要依托母公司腾讯巨大的网上流量优势、客户资源优势以及大数据优势，进行网络化的运营，移动互联网是其优势所在。第二家是浙江网商银行，由浙江蚂蚁小微金融服务集团（阿里巴巴电商更名而来）、复星、万向三农集团等为主发起人成立，该银行将完全定位于线上金融业务，以互联网为依托进行全网络化营运，主要提供 20 万元以下的存款产品和 500 万元以下的贷款产品。在区别上，前海微众银行将是"大存小贷"（存款限定下限，贷款限定上限）模式，浙江网商银行则是"小存小贷"（限定存款上限，设定财富下限）模式，体现了较强的差异性。

这类纯粹性的网络银行具有很强的互联网基因，其主要优势是互联网企业有着巨大的流量入口和平台优势，有着海量用户群和庞大的客户信息，有着卓越的社交关系网络和充沛的现金流，有着较低的手续费和敏感的消费者需求触觉。随着互联网向经济各个领域的渗透，线上交易将呈现出巨大的空间，线上金融的需求也将爆发式增长，新兴网络银行将依托互联网，充分发挥比较优势，成为金融领域的重要组成部分。从目前看，新兴网络银行的发展方向将主要定位于小微金融、消费金融和供应链金融。与直销银行相比，其没有银行类母体的依赖，主要依靠电商平台、社交网络等为主体开展业务。

（2）纯粹化网络银行的主要业务模式。

纯粹网络银行诞生的基因和成长的路径都有别于传统银行，从其优势资源来看，在经营模式上与传统银行有着较大的差异，根据其他特点，可划分为如下几个类型。

第一，依托互联网走"平台型银行+商业圈"模式。

这种模式是典型的网络银行，代表性企业是阿里集团的浙江网商银行。2015 年 5 月 27 日，浙江网商银行获准开业，在具体模式上，网商银行无物理网点，全网络化运营，以"小存小贷"业务模式为主。阿里集团在原有的支付宝、余额宝、天猫、淘宝等生态体系中加载了浙江网商银行，使其生态体系更加健全。未来，浙江网商银行将成为阿里生态体系中资源整合与配置的核心，凭借巨大的流量入口和平台优势以及海量的用户群体和庞大的客户信息，浙江网商银行的金融服务将与生态圈中的各个主体进行充分对接。这类民营银行在负债端可以把电商平台、支付平台以及货币基金平台中的资金进行整合，形成类存款模式，提供稳定的资金流。在资产端，基于大量的线上商家，凭借大数据进行线上信用评估，浙江网商银行可以将资金在其生态体系内进行放贷，形成一个闭环的金融生态体系。当然，开环运行也是可行方式，与合作银行对接，以中介平台的形式向合作银行输出线上商家和客户，而合作银行提供资金和产品，形成"平台型银行+商业圈"为主导的业务模式。

第二，依托互联网走"平台型银行＋社交圈"模式。

这种模式也是网络银行的模式之一，主体走线上路径，代表性企业是前海微众银行。腾讯集团在QQ、微信、财付通等原有的生态体系中成立前海微众银行，进一步彰显其金融棋局。与浙江网商银行不同的是，前海微众银行的主要优势是依托腾讯集团强大的社交网络进行业务拓展。当前，QQ、微信等已经成为中国最为主要的社交工具，前海微众银行将充分嵌入这些社交场景，走"平台型银行＋社交圈"模式。从前海微众银行近期的业务动态看，主打方向是轻资产的互联网中介平台，不会有过多的存款和贷款，资金主要来源于合作银行，客户主要来自腾讯社交网络中的消费者，微众银行作为平台中介，将合作银行的资金输送给社交网络中的消费者。在业务纽带中，微众银行更多的是负责筛选客户及贷款审核，而资产与负债主要集中在合作银行的资产负债表中。在这种业务模式中，微众银行充分将线上消费者的信贷需求激活，给合作银行带来客户，而合作银行则通过微众银行这个平台打开线上金融消费者的通道，从以往的单一线下客户走线上线下相结合的路径，充分盘活闲置资金。

（3）纯粹化网络银行的业务模式。

由于网络银行在业务开展上都存在着资金、产品等方面的短板，但有着线上客户及其他商业客户的优势资源，双方之间是一种竞合关系，但合作大于竞争。从首批开业的网络银行看，已经尝试与传统银行开展业务合作，处于小步快走的节奏。

第一，开展同业授信业务。

网络银行在开办初期，对同业授信的依赖度较高，这也是其前期开展业务的基础。在已经开业的网络银行中，微众银行从华夏银行获得了20亿元的同业授信。可以预判的是，网络银行在业务开展过程中，受初期滚动资金的约束，将高度依赖同业授信。同时，为满足监管部门监管指标的要求，网络银行会有持续性的资本补充需求。对现有银行来说，为高质量的网络银行提供同业授信将是一个重要的业务增长点。

第二，创新小额信贷产品。

目前，前海微众银行已经推出了首款信贷产品"微粒贷"，首批客户主要是以微众和腾讯内部员工为主。"微粒贷"的贷款额度没有设置较高的门槛，但主要在2万元到20万元之间，贷款利率稍低于信用卡透支利率，如"微粒贷"的日利率大概为0.03%～0.05%，目前信用卡透支日利率一般为0.05%，无抵押、无担保、随借随还、按日计息。如果客户想提高额度，只要按时还款，提高在腾讯征信里的个人信用即可。由于远程开户尚未放开，微众银行尚未建立账户体系，用户主要借助财付通账户来完成借款流程，包括微众银行的贷款、收款、收息等资金结算功能也是在财付通账户体系中完成。从民营银行的优势看，与传统银行相比，其更加接近商业圈、社交圈、物流圈及其他产业经济，对消费者的需求可能更加敏锐，通过对客户的消费轨迹和消费偏好的掌握在金融产品设计上具有触觉优势。在网络银行与传统银行合作过程中，可以将这种信息优势及时反馈，充分结合传统银行在产品设计上的能力，推出更多贴近线上消费者需求的金融产品。

第三，共享资金资源和客户资源。

传统银行的优势资源是资金及对金融风险的管控，网络银行的优势是大量的线上客户、线上消费记录和线上信用评估，以及与产业经济的高度融合。一边是网络银行有商业客户，但资金匮乏；另一边是传统银行有资金，但因为信息的不对称，不能对大量优质的线上商家或其他商业客户进行资金供给，因此，网络银行与传统银行之间是一种竞合关系，但合作大于竞争。网络银行可以充分利用传统银行的资金资源搭建起自己的业务框架，而传统银行也可以充分利用网络银行的中介平台优势打通庞大的线上金融及其他产业经济市场的通道。传统银行出资金，网络银行出客户，双方共享资金资源和客户资源。

（六）　互联网证券及保险发展的主体类型及现状

随着互联网金融战略的提升，券商也开始借助互联网涉足互联网证券业务。在我国开办互联网业务的券商中，主要分为两种模式，一种是中小型券商涉足互联网业务，由于自身实力有限，主要采取的是与互联网公司合作的形式进入互联网金融行业；另外一种是大型券商由于自身实力雄厚，根据自身优势和经营特点，自建互联网平台开展互联网金融业务。

中小型券商通过与互联网企业合作的形式涉足互联网金融的代表性企业主要有国金证券、中山证券、华泰证券等，与著名互联网企业腾讯、新浪、网易等联合开发了多个互联网券商产品如表 2 – 14 所示。

表 2 – 14　　　　　　　　券商与互联网企业合作形式

证券公司	互联网证券产品	上线平台	核心功能
国金证券	佣金宝	腾讯股票频道	网上开户、交易、保证金余额理财
	全能行 APP	腾讯应用宝、360 等软件	手机开户、交易、创业板投资权限转签
	佣金宝官方微信	腾讯微信	微信取现、收益查询、账户持仓信息查询等
	企业 QQ	腾讯企业 QQ	
中山证券	惠率通、小融通、理财产品、投资顾问服务	腾讯企业 QQ 自选股客户端	QQ 进行证券开户、个性化融资、综合理财等
华创证券	涨乐财富通	网易平台	网上开户、移动理财服务终端
同信证券	投资顾问服务视频直播	腾讯股票频道视频直播	网络理财服务平台、投资顾问模式

资料来源：宋卫东、向清华：《从互联网金融创新的本质探讨证券业创新》，载《中国证券》，2014年第 9 期。

大型券商与中小型券商不同，它们主要是通过自建理财平台的形式开展互联网金融业务，包括线上开户、交易、代销等，其中，国泰君安、广发证券、华创证券、海通证券、华泰证券、上海证券等具有较强的代表性，这些券商开展的互联网金融业务如表 2 - 15 所示。

表 2 - 15　　　　　　　券商自建金融理财综合服务平台

证券公司	金融综合服务平台	核心功能
国泰君安	君弘金融商城	微融资、金融超市、投资顾问网店
广发证券	易涛金电商平台	综合理财服务、建立了"广发通"统一账户体系，助推客户分类分级服务
华创证券	金汇理财互联网金融平台	销售多样化理财产品、主打高收益
海通证券	E 海通财	在线开户、金融商城、手机证券、微信平台
华泰证券	涨乐网、紫金财富俱乐部	金融管理服务模式
上海证券	玉品堂	涵盖 APP、微信、移动网站等主要互联网模式

资料来源：宋卫东、向清华，《从互联网金融创新的本质探讨证券业创新》，载《中国证券》，2014年第 9 期。

（七）　电商金融发展的主体类型及现状

这类互联网金融业务是在以电子商务为主的平台经济高速发展的背景下，专门针对网上商家提供的融资性金融服务。阿里巴巴、京东商城等企业最先开启了这类金融服务，利用电商平台的大数据优势，对网上商家的信用及风险有着较强的把握和评估，从而为他们提供金融服务，形成前端是电商业务，后端是金融业务的模式，将巨大的电商流量转化为金融价值，可以说是互联网企业发起的一场金融服务的跨界竞争。随着电子商务的发展，电商金融已经呈现出

"微生态、大市场"的特征，潜力巨大。传统商业银行对这个市场也产生了浓厚的兴趣，目前工商银行、建设银行、招商银行、民生银行、兴业银行等国内主要商业银行都开始搭建集电商与金融结合在一起的电商金融平台，与互联网企业一起共同促进了电商金融的发展。

三、 互联网金融的经济学理论诠释及内源价值

互联网金融是一种新型金融形态，各类互联网金融产品在快速创新和迭代，市场资本也在加速向这个产业集中，互联网金融已经成为金融领域重要的创新方向。但从理论和实践的角度而言，业界对互联网金融更多的关注在操作层面，而理论研究及价值研究则已显滞后，出现了理论和实践脱节的现象。对互联网金融的经济理论研究已显得尤为必要，较好的经济理论诠释及价值研究可以更好地明晰互联网金融的发展思路、路径和方向，促进行业更好的发展。本文将从多个角度对互联网金融的理论基础进行探讨，并对互联网金融的产业价值进行系统分析。

（一） 互联网金融的经济学理论诠释

目前，互联网金融并没有独立的理论基础，但由于互联网金融的金融属性，其理论基础可以由传统金融及经济学理论演化发展而来，经过对相关经济文献的梳理，我们认为有以下四种经济理论可以对互联网金融做出较好的解释。

1. 双边市场及网络效应理论。

双边市场是近年来解释新经济的重要理论基础，对互联网金融这类具有典型平台经济特征的产业而言，双边市场自然有着较强的解释力。在早期的研究中，双边市场主要是用于解释银行卡及媒体等传统产业。以银行卡产业为例，银行卡产业一方是发卡方（银行），一方是受理方（商家），任何一方规模的

壮大、效用及收益的增加都对另一方有着很强的依赖，随着另一方需求数量的变化而变化，简言之，双方呈同步变动。随着信息技术和网络技术的发展，越来越多的产业从线下搬迁到线上，平台经济成为21世纪以来重要的经济导向，双边市场理论也受到了更加广泛的重视。综合 Rochet、Tirole（2003）和 Armstrong（2004）等的研究文献，双边市场可解释为两组参与者需要通过中间层或平台进行交易，而且一组参与者（最终用户）加入平台的收益取决于加入该平台另一组参与者（最终用户）的数量（朱振中，吕延杰，2005）。随着以网络为载体的平台经济的发展，双边市场理论也在演进和发展，演化为双边网络效应理论，对平台经济的解释能力也更强。孙明春、唐俊杰（2014）以支付宝为例从网络经济学的视角对双边市场理论做了新的拓展。他们认为余额宝依托淘宝、天猫等电商网站发展起来，而淘宝、天猫等电商网站存在着跨边网络效应（cross-group network effect），即网络一方的参与者的效用会受到网络另一方参与者数量的影响。余额宝在这种跨边网络效应中发挥了重要作用，作为便捷的支付工具，支付宝促成了电商消费者的增加，繁荣了电商平台，并从中获得了很强的溢出效应，迅速成为最大的第三方支付机构。同时，他们还指出，除了跨边网络效应外，支付宝还存在一种"组内网络效应"（within-group network effect），由于支付宝可以自由转账，消费者不在电商网站购物的情况下，同样可以享受支付宝的便捷支付功能，网络效应进一步扩大。从更加广泛的角度来看，我们认为，当前互联网金融的主要形态中，如P2P网贷平台、支付平台、网络银行、直销银行、线上理财平台等都可以利用双边市场（网络效应）理论得到部分程度的解释，随着研究的加深，解释能力会逐步增强。

2. 信息经济学及有效市场假说。

西方经济学最重要的两个假设条件分别是理性经济人假设和完备信息假

设。对于完备信息而言，是指市场上每一个从事经济活动的个体（即买者和卖者）都对有关的经济情况具有完全的信息。按照完全信息假设，完全信息条件下的市场效率是最高的（谢康，1994），帕累托效率所需要的条件在不完全信息下是难以实现的。围绕着信息完备问题，认同者与质疑者在经济学领域进行了长久的争论。随着信息经济学的发展，乔治·斯蒂格勒（1961）的研究表明，不完备信息会导致资源的不合理配置，而信息的获得是要付出成本的。乔治·阿克洛夫（1970）、约瑟夫·斯蒂格利茨（1975、1977）、迈克尔·斯彭斯（1973）等经济学家对信息不对称理论进行了深入研究，并将其扩展应用到了多个领域，进行了广泛的市场分析。他们的研究指出，信息不对称对激励机制、委托代理有着很大的影响，信息不对称还会导致道德风险和逆向选择问题。但信息完备的不可得性，使其被视为一种高高在上的理想状态。几乎与信息经济学发展同步，有效市场假说也高度重视信息在市场中的作用。尤金·法玛（1970）提出了有效市场假说（efficient markets hypothesis），其对有效市场的定义是：如果在一个证券市场中，价格完全反映了所有可以获得的信息，那么就称这样的市场为有效市场。有效市场假说将信息较好地融合到资本市场的价格变动之中。不管是信息经济学还是有效市场假说，其理论研究中的一个核心就是信息的重要性，信息处理也成了金融体系的重要变量。然而，随着互联网的发展，信息透明度大幅提高，似乎正在颠覆以往的认识，信息完备正在逐渐从理想走进现实。互联网的发展为信息搭建了一个高速传递、最大程度分享的平台，利用大数据的处理能力和低成本的信息优势，互联网金融得以在更广泛的领域开展业务，获取信息能力、处理信息能力都与传统的金融业务相比发生了革命性改变。在云计算的保障下，资金供需双方信息通过社交网络揭示和传播，被搜索引擎组织和标准化，最终形成时间连续、动态变化的信息序列，而且信息不对称程度和交易成本很低，"交易可能行集合"会大为拓展（谢平、邹传伟、刘海二，2012）。正是因为信息优势，使互联网金融能够在客户占有、产品创新、信用评估、风险管理、交易成本、市场覆盖等方面体现出与传统金融业务相比的别致竞争力。

3. 规模报酬递增理论。

规模报酬是指在其他条件不变的情况下，企业内部各种生产要素按相同比例变化时所带来的产量变化。在西方经济学中，可分为规模报酬递增、规模报酬不变和规模报酬递减三种理论。其中，规模报酬递增是指产出水平增长比例高于要素投入增长比例的生产状况。从互联网金融发展来看，利用平台优势和网络方式，可以在劳动力、资本等要素投入增加一定比例的情况下获得更大的产出，金融产品和服务的产出规模远远超过要素投入的比例。我们可以看到，支付宝、余额宝、手机银行、移动支付、微信理财通以及各种P2P网贷平台都是在较少的资源投入的情况下，通过网络平台将金融产品和服务推送到各个角落、各类群体，形成广覆盖的趋势，金融服务的可得性和边界大幅拓展，并且交易和服务成本极低。举例来说，在金融服务薄弱的广大农村地区，受成本—收益的约束，银行的柜台网点较少，严重抑制了农村金融消费，而手机银行和移动支付则在较低成本下解决了这个难题，在农村地区得到了大规模推广应用。除了规模报酬理论，我们还看到，西方经济学中的边际产量递减规律和边际收益递减规律在互联网金融面前也基本失效，突破了传统经济学假说的约束和限制，这也就意味着互联网金融可以得到更加有效的发展。

4. 福利经济学。

从福利经济学的角度而言，互联网金融的意义更是非凡。我们首先从帕累托改进谈起，帕累托改进，其定义是在某种既定的资源配置状态下，在不使他人情况变坏的情况下，可以使自己的情况变得更好，而帕累托改进是达到帕累托最优的路径和方法。对于互联网金融而言，可以同时为不同类别和数量级的消费者提供大量服务，而每个消费者在使用互联网金融产品或服务时，不管在时间占用或金融资源占用上都不会影响他人的使用状况，可以在不影响他人金融消费的情况下提高自己的金融消费效用，更容易接近帕累托最优。支付行业是一个最好的例证，消费者可以利用移动支付、网络支付等同时进行便捷的支付使用，与银行柜台排队相比，消费者在体验上和满意度上都有了明显的改善。互联网金融的这种特性也使其在普惠金融的服务上有了更好的要素禀赋和职能担当，尤其是在金融深化程度不足的发展中国家，通过互联网金融来缓解金融抑制程度，改善传统金融在普惠金融上的不足是一个更好的选择。

（二）　互联网金融的内源价值探讨

互联网金融作为一种新生事物，其出现的时点与社会信息化、网络化变革有着紧密的联系，在全球范围内都有着其独特的价值。在我国，互联网金融更是符合经济新常态和金融新一轮深化改革的导向，因此，对其内源价值研究有着很强的必要性。我们将从以下四个方面对其阐释。

1. 互联网金融是全球金融深化的新起点。

麦金农和肖在金融发展理论中最早提出了金融深化概念，与之相对应的是金融压抑概念。金融压抑是指政府对金融活动和金融体系的过多干预会压抑金融体系的发展，而金融体系发展滞后又会阻碍经济增长，从而造成金融压抑和经济增长缓慢的恶性循环，金融深化是针对金融压抑而提出。从全球金融格局来看，发达国家经历了多年的金融发展，其金融体系比较健全，金融市场发达程度也比较高，似乎金融深化已经到位，不存在金融压抑，而发展中国家虽然经历了金融的快速变迁，但金融压抑还仍以不同程度的形式存在。互联网金融的发展使我们能够在全球范围内重新审视金融深化。不管是发达国家还是发展中国家都在互联网金融的发展中迈着金融深化的步伐。

　　对于发达国家而言，互联网金融使金融深化得以重启和延续，如下三个方面的原因支撑了我们的论断：（1）互联网金融的发展使发达国家的金融自由度大幅提升。股权众筹、P2P、移动支付等互联网金融业务在金融供给上更加快速、灵活和便捷，Facebook 的发展则使社交金融大为活跃。Lending Club 的上市或许是 2014 年全球金融业务的头条，这也充分说明了发达国家对互联网这种金融模式的认可，这类金融形态在服务经济和消费者上更为灵活，自主服务较强，大幅提高了金融自由度。从实际运行来看，P2P 在美国正出现快速增长的势头，如图 3 - 1 所示，自 2007 年以来，美国传统消费贷款和信用卡贷款一直呈下降趋势，其中从银行贷出的消费贷款平均每季度下降 2%，信用卡信贷平均每季度下降 0.7%，而与此同时，P2P 贷款却迅猛增加，平均每季度达到了 84% 的增速。

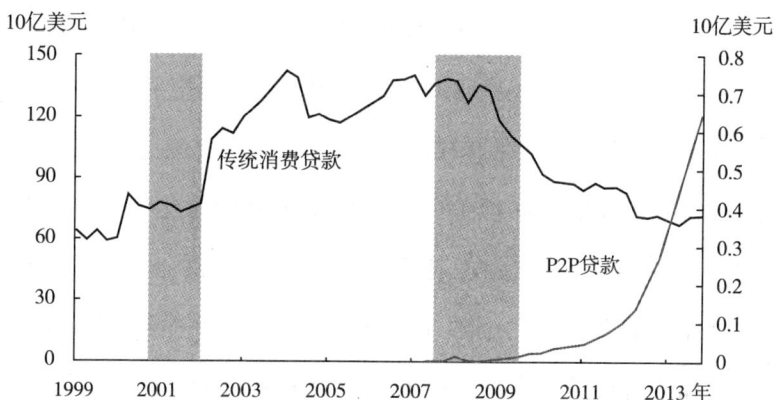

资料来源：Yuliya Demyanyk and Daniel Kolliner, Federal Reserve Bank of Cleveland, Economic Trends , August 2014.

图 3 - 1　1999—2013 年美国传统消费贷款和 P2P 贷款的变动情况

（2）互联网金融使 OTC 市场更加发达，更加有利于金融交易。互联网金融对证券市场的影响是深远的，传统证券交易主要是在交易所和 OTC 市场进行，随着互联网金融的发展，通过众筹的方式可以融资，改变了传统的融资渠道。影响更大的是互联网金融使互联网证券交易成为可能，不需要借助经纪商或做市商等中介机构，通过网络直接撮合证券交易①。因此，互联网金融使得 OTC 市场有了新的发展，从线下转向了线上，市场规模更为庞大，市场效率更高。

（3）互联网金融由于交易的便利性，在资金成本上更具优势，能够更为有效地降低社会融资成本。图 3－2 中给出了 2007—2013 年美国信用卡利率和 P2P 利率的变动情况，我们可以看到，这几年中，整体社会资金成本都在不断增长，但随着 P2P 规模的发展，其资金利率已经开始显著低于信用卡利率，尤其是 2013 年以来，P2P 贷款利率明显拐头向下，而信用卡利率则呈加速上行趋势。Klafft（2008）的研究也表明，与线下金融相比，由于 P2P 的线上交易体现出了较强的优势，并且在定价机制和利率选择上也更为灵活，可以实现更高的效率和更低的成本，尤其是资质好的借款人通过 P2P 平台可以获得成本更低的资金。一项关于 Lending Club 的研究也表明，银行同期贷款利率为 13% 的情况下，其贷款利率只有 7.3%，低了 5 个百分点。事实上，如果按照贷款人的资质进行评分，资质好的贷款人确实获得了更低的利率水平。如图 3－3 所示，2007—2013 年，对美国 P2P 贷款人按照资质进行分类，我们可以看到资质好的贷款人如评级为 A 和 B 的贷款人获得了更低的利率，与信用卡相比，资金成本优势更为明显，这也印证了相关理论及文献的研究结果，支持了相关实证检验。

对发展中国家而言，金融深化正在进行之中。互联网金融为发展中国家提

---

① 胡吉祥：《互联网金融对证券业的影响》，载《中国金融》，2013（16）。

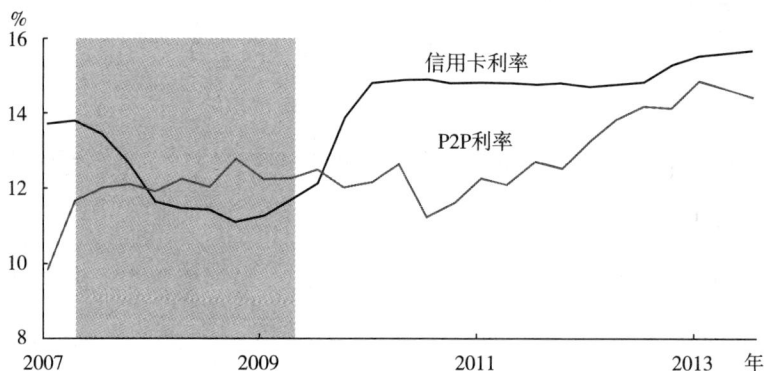

资料来源：Yuliya Demyanyk and Daniel Kolliner, Federal Reserve Bank of Cleveland, Economic Trends , August 2014.

图 3 - 2   2007—2013 年美国信用卡利率和 P2P 利率的变动情况

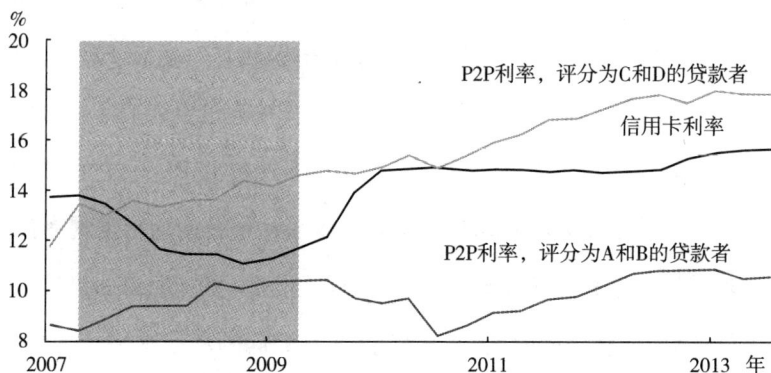

资料来源：Yuliya Demyanyk and Daniel Kolliner, Federal Reserve Bank of Cleveland, Economic Trends , August 2014.

图 3 - 3   2007—2013 年按照 P2P 贷款人资质分类的
利率水平与信用卡利率变动的对比情况

供了金融深化的新通道，使金融深化得以加速，成为金融深化的新变量。这主要体现在以下三个方面：第一是存量金融深化和增量金融同步深化。在金融深化的进程中，传统金融的深化属于存量深化，而互联网金融这样一个新兴事物的金融深化则属于增量深化。这种新兴金融类似于在传统金融体系以外开辟了一个试验田，更好地发挥其市场资源的配置作用和市场经济效应，并以此向传统金融渗透，促进整个金融体系的进步。以中国为例，互联网金融的投入主体主要是民营资本，这种新兴金融是一种金融增量的发展，与银行、证券、保险等存量金融一起共同促进着金融的深化。第二是体系外金融和体系内金融跨界融合深化。互联网金融是在银行、证券、保险等传统金融体系外部发展而来，是电商公司、互联网企业等凭借其流量入口优势、客户资源优势、平台优势、供应链优势和资金优势跨界进入金融业，具有很强的体系外金融特征，与传统金融共同促进了金融深化，叠加效应明显。第三是互联网金融倒逼传统金融加速金融深化。互联网金融通过市场竞争机制和价格竞争机制加速了传统金融的深化进程，互联网金融的发展使银行更加偏爱互联网、钟情互联网，纷纷成立直销银行提供广泛的金融服务。互联网金融对利率市场化也有着一定程度的影响，通过价格机制影响传统金融深化。总体而言，互联网金融促进了金融市场的竞争，提高了金融市场的效率，有利于金融深化的发展。

由此，我们可以看到，无论是发达国家的互联网金融还是发展中国家的互联网金融，都在不同程度、不同范围、不同领域促进着金融深化进程，使全球金融深化站在了新起点，启动了新征程。

2. 互联网金融是普惠金融发展的新动力。

互联网金融的一个重要价值就是促进普惠金融，通过对资金资源的合理分配，提高金融的服务效率，促进实体经济发展。当前，互联网金融在普惠金融方面被市场各方高度重视，其要素禀赋优势、商业模式及经营方式也支持了其在促进普惠金融方面的积极作用。普惠金融的内容主要有两个方面，一个是为难以获得金融服务的消费者提供金融服务，弥补金融空白；另一个是使能够获得金融服务的消费者享受更丰富、更便捷、更多样的金融服务，提高金融服务的质量和多样化。就当前互联网金融的发展来说，其服务内容和性质与普惠金融有着很高的契合度，主要在以下四个方面促进了普惠金融的发展。

（1）改善小微企业融资难、融资贵难题。小微企业融资在世界范围内都是一个难题，美国、欧洲等互联网金融的发展也主要是针对小微企业的融资问题。经济学里对小微企业融资问题有一个"麦克米伦缺口"的术语，主要是指小微企业面临的资金缺口的很难通过有效的方式解决。对我国而言，小微企业发展同样面临着融资难题，国家工商总局《全国小型微型企业发展情况报告》显示，小微企业已占市场主体的绝对多数，截至2013年底，全国各类企业总数为1527.84万户，其中，小微企业1169.87万户，占企业总数的76.57%。全国的小微企业，解决了我国1.5亿人口的就业问题，新增就业和再就业的70%以上集中在小微企业。[①]作为经济增长主体和基因，小微企业融资问题不能得到较好解决的话，长期趋势上势必对经济增长和就业等带来不利影响。互联网金融在业务内容、特点和优势上都是小微企业，解决了传统金融服务中的成本高、反应慢、覆盖面小、交互性不足、信用评估难和风险防控难以有效解决等问题，利用云计算、大数据等前沿技术优势，准确把握小微企业经营状况、信用情况，并有效集聚行为主体中的碎片化资金，灌溉到小微企业和实体经济中，成为小微企业融资的重要渠道。

（2）丰富财富增值渠道。财富增值与积累是金融业的一个重要功能，然而长期以来，在以银行为主导的金融体系中，理财门槛一直较高，有较强的额度限制，精英理财特征较为明显，广大的金融消费者因资金额度较小且分散，难以获得有效的财富增值渠道。互联网金融通过网络化的理财方式，拓展了"屌丝"财富增值的新渠道和新空间，通过平台化运作，打破了门槛限制、额度限

---

① 国家工商总局，全国小型微型企业发展情况报告，2014年3月。

制，各类消费者都可以自由地将自己的闲散资金、零碎资金转化为可增值的金融产品，余额宝、微信理财通以及其他各种"宝宝类"产品有效激发了消费者的财富增值热情，找准了消费者的需要，其规模才得以快速发展，一时间成为风靡市场的金融产品。

（3）改善农村金融服务环境。"三农"问题是限制农村经济发展的一个难题，而金融约束则是"三农"问题中的一个重要因素。解决"三农"问题，金融服务必须跟上。然而，由于历史因素的遗留和现实条件的约束，金融在农村地区一直没有得到有效发展，金融短缺问题亟待解决。在国家政策的支持下，银行虽然也向农村地区投入了大量资源，但与广大的农村地区和巨大的金融需求相比，则是杯水车薪。究其原因，单靠银行设立柜台式硬件资源和人力资本的投入来解决农村金融问题虽然初衷好、思路对，但方法和效率较低，难以从根本上缓解农村地区的金融饥渴症。互联网金融的出现从一个全新的角度切入了农村金融服务，从农村最为普及的手机支付终端入手开始提供金融服务，移动支付、手机银行等金融服务在不提高农村居民购买成本的条件下，通过金融功能的加载为农村金融消费者提供了面对面、点对点的金融服务。事实上，从国际角度看，在全球金融最不发达的非洲地区，手机则成为了那里转账支付最为主要的金融工具。因此，从长远角度看，互联网金融会成为农村地区金融服务的主力军，为其提供更为丰富、更为实用的金融解决方案。

（4）大幅度提升了消费者的金融自由度，满足了消费者多样化的金融偏好。在传统的金融服务中，金融与消费者之间存在着断层线，金融是金融，消费者是消费者，二者之间的对接程度和融合程度很低，使得消费者在进行金融消费时总是存在着一种束缚感。互联网金融的发展打破了这种局面，通过全新的金融服务理念大幅度提高了金融消费者的自由度和舒适度，利用各种终端可以随时随地自主进行金融交易，时间、空间等传统金融一直难以破解的难题和约束在互联网金融面前得到了一站式处理，金融开始走进生活，与生活高度融合。并且金融交易场景高度自由化，任何碎片化的时间、碎片化的场景都可以实现金融交易，时间成本、等待成本、撮合成本基本消除。同时，互联网金融可以同时满足长尾需求和短尾需求，金融产品更加丰富，消费者多样化的金融服务需求得到满足，受到消费者的广泛青睐。

3. 互联网金融是未来国际金融竞争的重要领域之一。

互联网金融是 21 世纪互联网大潮下的金融深层次变革，具有 21 世纪性的影响。互联网具有国际性，它是一个新兴产业，互联网金融的快速发展表明了中国服务业的发展，也有可能成为中国的核心竞争力之一，它走向国际相对容易得多，而且中国已经有了一些很大的平台。[1] 在 21 世纪初期，能够把握趋势，合理布局，掌握互联网金融发展的主动权和制高点，无疑是提升未来国际金融竞争力的重要支撑因素。按照资源投入和产业性质，从经济学角度可将产业划分为劳动密集型产业、资本密集型产业、技术密集型产业，按照这个分类，传统金融业务属于资本密集型产业，互联网金融虽然也具有资本密集型产业的特征，但基于其发展特性和优势，我们这里将其称之为数据密集型产业，即以平台为主导的数据密集型产业，之所以给出这个提法，是因为互联网金融发展所依托的基础基因如大数据、云计算、搜索引擎等都是基于数据展开的，数据是其发展的核心和关键，这是比传统金融业务更为突出的地方。通过对数据的抓取、分析和整合来开展金融业务可以说是与 21 世纪的信息革命高度契合。我们正在经历的"信息革命"和影响可与"农业革命"和"工业革命"的巨大效应相媲美。[2]互联网金融在信息革命面前，深度参与其中，通过连续性的海量数据进行金融服务的创新和服务。从经济学角度来看，西方经济学中非常看

---

① 朱民：《互联网金融有望成为中国核心竞争力》，载腾讯财经，2015 年 1 月 22 日。
② 迈克尔·塞勒：《移动浪潮》，中信出版社，2013 年。

重的信息变量被互联网金融较好地纳入和使用，以数据的形式成为其载体，成
为未来金融发展的重要导向。

4. 互联网金融是经济新常态下金融新常态的重要交汇点。

当前我国进入经济新常态，中央经济工作会议从九个方面对经济发展新常
态进行了全面阐释。其中，新常态的表现之一，从生产能力和产业组织方式
看，过去供给不足是长期困扰我们的一个主要矛盾，现在传统产业供给能力大
幅度超出需求，产业结构必须优化升级，企业兼并重组、生产相对集中不可避
免，新兴产业、服务业、小微企业作用更加凸显，生产小型化、智能化、专业
化将成为产业组织新特征。经济新常态需要金融新常态。从互联网金融的产业
特性、服务导向来看，符合了新常态下金融的发展方向。首先，互联网金融本
身就是新生产力、新经济的代表，具有资产轻、杠杆小的特征，并且依托互联
网具有很强的高端组织形态，是产业结构转型的重要方向之一。其次，互联网
金融承担起了服务小微企业和引导资金向实体经济配置的重任。以网络银行来
说，腾讯旗下的前海微众银行和阿里旗下的浙江网商银行都定位于网络化运
行，并且服务对象主要是小微企业，充分发挥其专业化优势改善小微和实体经
济融资紧张局面。最后，互联网金融可以有效盘活闲置资金，提高利用效率，
更好地服务于经济新常态。在传统金融体系下，大量的社会资金尤其是小微资
金缺乏有效的途径和渠道转化为资本，只能雪藏于民间，造成了资本上的资源
浪费。互联网金融的发展开辟了资金转化的新渠道，直销银行、网络银行、
P2P 等互联网金融形态可以有效盘活社会闲置资金，以全新的思维推进资本要
素市场化，提高资金利用效率。综上所述，互联网金融是经济新常态下金融业
的重要发展方向，符合经济新常态的导向，在经济新常态下将充分发挥积极
作用。

（三） 互联网金融与传统金融的关系

随着互联网的发展，市场对传统金融机构尤其是银行与互联网金融机构的关系争论颇多，颠覆论、替代论，各种声音不绝于耳。我们认为，传统金融机构如银行与互联网金融作为两类不同的金融市场主体，既有合作又有竞争，既相互补充，又各有侧重，既有渗透，又有融合，它们共同促进着金融市场的发展。

1. 二者之间是竞合关系，但合作大于竞争。

互联网金融是由跨界发展而来，从传统的支付业务逐渐向存贷汇等多元化的金融业务靠拢，对传统金融机构而言，互联网金融机构的业务开展是对银行等传统金融市场蛋糕的侵蚀和抢占，二者之间存在着明显的竞争关系。但从另外一个角度而言，互联网金融的发展给银行等传统金融机构带来了更多的市场机会，一是支付机构的发展促使支付业务分工更加细化，更加注重对互联网络和移动网络的应用，使支付业务从传统的金融基础设施后台部门向前台部门迁移，并且产业化趋势明显，从服务部门变成盈利部门，扩大了银行的中间业务收入。二是为保证持续生存与发展，互联网金融机构专注于银行不关注或不愿大规模进行资源配置的领域，如对电商市场的开拓使互联网金融从小众变成大众，在与银行的业务纽带中，变相扩大了银行的相关业务领域，使互联网金融市场从一个贫瘠之地变成了富矿。三是互联网金融机构的发展倒逼银行等传统金融机构更加重视网上业务的开展，网络银行、手机银行、直销银行都是在与互联网金融机构的竞争中越做越好，体验不断提升，溢出效应明显。四是互联网金融机构的发展为银行等传统金融机构提供了更多的同业客群，在更广阔的领域开展同业授信、资金存管、支付手续费收取等业务，同时与互联网金融机构合作，在虚拟信用卡、线上理财等领域进行业务拓展。

2. 二者之间是互补关系，各有侧重、各有分工。

从银行等传统金融机构与互联网金融机构的侧重看，银行等传统金融机构资金规模庞大，以大客户为主，除支付业务外，贷款业务、投行业务、存管业务、理财等各金融业务种类齐全，互联网金融业务只是银行业务的一个细分。互联网金融机构则不然，且盈利模式单一，从客户选择上，主要是以线上客户为主，且定位于小额资金领域。为更好地实现自身利益，二者之间互补关系明显。一是互联网金融机构与各类电商平台广泛连接、聚集了大量线上流量和入口，银行需要利用各类互联网金融平台打通线上渠道，进入电商领域，开拓线上市场，间接为各类线上消费者提供金融服务，拓展盈利来源。二是银行等传统金融机构的许多创新性业务需要依托互联网金融平台来开展，互联网金融机构业务灵活，在跨行领域优势明显，可以为银行等传统金融机构提供创新性服务。三是互联网金融机构业务的开展最终还是要依赖银行等传统金融机构，消费者的资金账户开立在银行，大额存款也在银行，虽然互联网金融机构也设立虚拟账户，但只能是小额领域，只要银行管住了账户就管住了互联网金融机构。同时，互联网金融机构在接口准入、账户开立、资金托管等方面都对银行有着很强的依赖性，不能独立于银行而开展业务。

3. 二者之间是渗透关系，融合在加速。

在业务开展过程中，银行等传统金融机构与互联网金融机构相互渗透，加速融合。银行等传统金融机构更加重视互联网金融机构的价值和作用，以银行为例，一方面，银行自身加速向交易型银行转型，同时加速与"商圈"和"社交圈"的融合，重视电子商务发展的机会。另一方面，银行为业务创新发展的需要，逐渐开展了对互联网金融机构的并购行为，向互联网金融领域配置资源不断增多，主动性不断增强。同时，互联网金融机构在业务开展过程中，也在朝着多元化的方向发展，依托网络平台，逐渐拓展小额信贷、基金代销、保险销售等传统金融业务领域。从这层关系看，二者之间的渗透在增强，融合在加速。

（四）　互联网金融发展的国别环境差异

当前，互联网金融在我国蓬勃发展，展现了巨大的潜力和空间。从互联网金融的全球发展态势看，中国成为了互联网金融发展的乐园，远超过欧美发达国家，这也是我国金融领域走在世界前列的一个重要创新点。以发达国家美国为例，虽然有 Lending Club 等互联网金融巨头，但在整体规模和市场活跃度上，美国互联网金融的发展与我国有着较大的差距。为什么我国在互联网金融上能够弯道超车，走在世界前列呢？综合而言，我国互联网金融有着独特的生存土壤和演进路径，展现出了其竞争优势，下面，笔者从四个方面进行说明。

1. 金融深化程度差异形成了对互联网金融的不同需求。

金融深化程度的差异是形成互联网金融不同发展格局的一个重要原因。整体而言，我国还存在着金融抑制，金融深化程度不足，需要进一步通过改革加以促进。金融深化还有很大的发展空间，更多的金融机构可以通过创新在这个空间中生存和发展。同时，金融抑制的改变也需要更多的新的具有创新活力的金融机构去催化。而互联网金融作为新兴金融市场的典型性代表，符合未来金融创新的导向，符合当前金融改革的导向，在促进金融市场创新，活跃金融市场氛围，激发金融市场活力等方面都有着积极作用。在我国金融深化过程中，过去主要是通过对银行的改革来促进金融的深化，当前，主要国有银行的股份制改造已经完成，继续通过银行改革来促进金融深化的边际效应已经逐渐降低，需要边际效用更高的改革着力点。互联网金融顺应了时代主流和未来趋势，且大多数互联网金融企业都是民间资本，符合国家促进民间资本进入金融

业的政策导向。上述分析表明，互联网金融企业在我国金融深化中将肩负着重
要的责任，因此，有着很大的发展空间和余地。相比西方国家，以美国为例，
金融市场化程度很高，且较为成熟，金融深化的空间相对有限，各类金融机构
提供的服务能较为高效地满足客户需求，因此，通过新兴的细分领域来带动金
融深化的动力不是很足，后劲不强，互联网金融的发展也就不温不火。

2. 高储蓄—低消费格局形成了巨大的财富增值缺口。

受限于历史因素的影响，我国形成了高储蓄—低消费的格局，居民储蓄率
超过50%，形成了巨大的沉淀财富。这些财富一直以来主要以存款的形式存
在。理财投资渠道较为单一，可选择性不强，对收益率较高、形式多样且操作
灵活自由的财富增值渠道及途径有着强大的需求。互联网金融的出现从某种程
度上改善了这种局面，以网络平台为依托，设计出各类各样的理财产品，通过
灵活度较高的资产配置，能够为投资者提供收益率较高的产品，受到消费者的
热捧。从现实情况看，近两年来，随着互联网金融的发展，我国出现了较大规
模的存款搬家现象，资金从银行流出，进入互联网金融行业，寻求更为适合消
费者需求的理财产品和财富增值渠道。对比美国而言，低储蓄—高消费的信用
消费格局形成了与中国迥然不同的局面，借贷消费格局对一些财富出口缺乏敏
感性，并且，美国消费者的财富增值渠道主要委托给各类机构来管理，而中国
更多的是散户自己在管理。机构投资模式与散户投资模式有着很大的差异，对
互联网金融这种主要依靠个体消费者来开展业务的金融模式的迫切性相对较
低，所以呈现出与中国不同的局面。

3. 小微企业融资难题需要互联网金融来破解。

小微企业融资难题是困扰我国经济发展的一个重要问题，也是经济新常态
下需要重点关注、有效解决的一个课题。从解决小微企业融资难题的举措上
看，一方面通过银行等传统金融机构加大对小微企业的支持力度，通过更多的

资金投放、特定资金支持等方式改善小微企业融资难的困境，但就整体而言，仅凭银行等传统金融机构来改善小微企业融资难的困境还难以到位。主要原因在于：一是银行等传统金融机构受成本—收益的约束，在广泛的农村地区、偏远地区不设网点，服务小微企业的覆盖范围有限。二是小微企业缺乏足够的抵押品，不能满足银行放贷的要求及风险考量，银行缺乏足够的动力为小微企业提供资金支持。三是从银行的服务方式上看，线下服务方式还是主体，对服务众多的小微企业而言，综合成本较高，全面尽调较为困难，限制了其对小微企业的融资支持。互联网金融则具备了服务小微企业的先天优势，网络平台化服务，覆盖面广泛，能够延伸到各个地区、各个领域，覆盖各类小微企业的融资需要；依托大数据进行线上评估，控制风险，解决好了尽职和风险管理问题；网络化的操作方式能够使小微企业自主选择。正是这种满足小微企业融资的特定需要使互联网金融在我国有着较为特殊的使命和责任，也具备了肥沃的生存土壤。而对于发达国家而言，小微企业的融资难题没有很强的迫切感，对于互联网金融这种专注于解决小微企业融资难题的金融机构的需求性与中国相比不是很强，所以表现在对互联网金融的发展上出现了较大差异。

4. 监管政策对创新的包容不同是促进互联网发展差异的重要因素之一。

互联网金融是新生事物，创新性强，依托互联网开展业务，属于革新性金融模式。经营方式、盈利模式都与传统金融机构相比产生了较大的变化，在监管思路、方式方法上也基本没有思路可循，属于摸着石头过河阶段。因此，互联网金融的创新发展需要政府部门给予较强的胸怀去包容、呵护和培育，在其发展过程中，给予更多的引导，而不是一棍子打死。我国在对互联网金融的管理上就给予了极强的超前性，监管部门在对互联网金融的发展上一直持积极的态度，肯定互联网金融在促进经济社会发展、解决小微企业融资难题以及便利消费者中的积极作用，在一个时间序列内观察互联网金融的发展趋势，而不是简单的管死。在监管上，持鼓励创新的态度，出台相关政策给予规范，如《关于促进互联网金融健康发展的指导意见》，促进其更为稳健的发展。颁发了第三方支付机构牌照、获准民营资本筹建民营银行等，这些都是鼓励互联网金融创新发展的包容性政策。同时，在我国现行监管政策下，监管套利的存在在一定程度上促进了互联网金融的快速发展。由于互联网金融没有先例可循，监管政策给予了足够的宽容，而对银行等传统金融而言，监管政策比较成熟，有着一套严格的监管标准和监管体系，这就形成了监管部门对互联网金融和传统金融机构之间存在着监管上的差异，也就出现了监管套利，促进了互联网金融的快速发展。对比国外而言，以美国为例，各类金融机构比较丰富，市场也比较成熟，监管套利的空间不大，互联网金融与其他金融机构相比，没有明显的政策溢出效应，形成了与我国不同的发展格局。

（五） 互联网金融发展的国际案例

1. 美国。

（1）P2P 网贷机构。

美国 P2P 也是在银行定位和产品定价留下的空间中发展起来的，从发展情况看，美国 P2P 主要有四种类型，分别是个人消费信贷平台、中小企业贷款平台、学生贷款平台和房地产贷款平台。从市场占有率来看，美国 P2P 网贷平台高度集中，Prosper 和 Lending Club 占据了市场的 96%，形成了高度垄断的格局。

第一，Lending Club。

Lending Club 成立于 2006 年，是美国主要的 P2P 网贷机构，并于 2014 年12 月 11 日在美国上市，这是全球第一家上市的 P2P 网贷平台，令全球 P2P 行业欢欣鼓舞，也给全球 P2P 行业发展注入了更大的希望与动力，其示范意义重大，影响深远。

借款人审核条件：Lending Club 对借款人的资质要求得非常严格，需要满足的条件主要有以下几条：①必须满 18 周岁，并且是美国居民或永久居民，拥有有效邮件和社保账户；②借款人需要有正规有效的美国银行账户；③FICO 对借款人的评分需要在 660 分以上；④债务收入比要小于 35%；⑤需要提供三年的信用记录，并且过去 12 个月内没有欠款；⑥借款人不得透支信用卡。

业务模式：Lending Club 通过平台为借款人和投资人之间搭建枢纽，充当中介。其业务流程是，Lending Club 先对借款的资质条件进行审核，并对其进行信用评级，根据借款人信用等级及借款需求和期限结构进行资金价格的确定，即贷款利率，这两个程序完成后，网贷平台会将借款人信息发布到平台上供投资人判断，所发布的借款人信息包括借款人的贷款额度需求、利率定价、信用评级情况等，投资人可以根据这些信息做出判断和选择，确定自己的投资偏好，按照自愿的原则对借款人的借款需求进行额度分配，但每笔金额不少于25 美元。在这个过程中，投资人和借款人不建立直接的联系，双方之间也没有资金往来，也没有债务债权关系，投资人购买的是平台发行的与借款人的贷款相对应的收益权凭证，这相当于一个贷款的资产证券化过程。投资人在确定资金投向后，会通过银行将资金发放给贷款人，银行将贷款凭证出售给 P2P 平台，取得投资人通过收益权凭证向 P2P 平台支付的资金。截至 2014 年 6 月，Lending Club 已经促成了 50 亿美元的借贷交易，支付给投资人超过 4.9 亿美元。

盈利机制：Lending Club 在定价上综合考虑多种因素，其中贷款利率定价综合考虑了基准利率和对风险及波动率的调整两个部分，而风险及波动率的内容包含了借款人的信用评分、信用记录等多项因素。对于 P2P 网贷平台的费用收取而言，分为三个部分，一部分是对借款人的收费，另一部分是对投资人收费，还有一部分是对投资于其信托基金的投资人收取管理费。在借款端，对借款人的收费已经包含在借款人的年度融资成本中，在贷款前一次性支付，其比例在借款总额的 1.1%～1.5%。对投资人的收费，从流程上是，借款人在还款时直接将资金还给 Lending Club 平台，Lending Club 在扣除应从投资人那里收取的管理费及其他费用后，将资金打给投资人，一般情况下，Lending Club 向投资人收取 1% 的服务费，当借款人不能及时偿还贷款时，对于帮助投资人催缴的部分，Lending Club 要收取 30%～35% 的费用。对投资期其信托基金的投资人收取的管理费率，一般在 0.7%～0.25%。由于拥有较好的盈利模式，Lending Club 在 2013 年时就实现了盈利，如表 3－1 所示。

表 3－1　　　　　　　　　　**Lending Club 历史数据**　　　　　　　单位：千美元

年份	2009	2010	2011	2012	2013
促成贷款数额	51800	102200	257300	717900	2064626
非利息收入	1372	5723	12530	34045	97975
贷款产出比（%）	2.60	5.60	4.90	4.70	4.70
总收入	−178	5015	12752	33807	98002
运营成本	10077	15822	25021	40669	90694
净利润	−10255	−10807	−12269	−6862	7308

资料来源：张帅、龚宵翔等：《P2P：颠覆传统金融体系的大幕逐渐拉开》，载《国金证券研究报告》，2015 年 3 月 19 日。

小微贷款：Lending Club 向小微企业贷款是在美国金融危机后其业务拓展的一个重点领域之一，对于 P2P 而言，贷款成本低，在银行业务领域难以有效满足的小微行业有着很大的市场，Lending Club 自涉足小微贷以后，贷款规模不断增加，2007 年时贷款个数是 56 个，贷款金额是 80 多万美元。到 2012 年，Lending Club 向小微企业的贷款项目是 1386 个，金额达到 2200 多万美元。如表 3－2 所示，2006 年到 2012 年，总的贷款项目是 3378 个，总的贷款金额达到 4800 多万美元。从贷款利率上看，Lending Club 平均贷款利率在 13% 左右。

从战略上看，Lending Club 对小微企业的贷款已经成为其主要业务之一，未来倾斜力度还会扩大。

表 3 - 2　　　　　　　　　**Lending Club 小企业贷款**　　　　　单位：美元

年份	项目个数	总金额	平均金额	平均利率
2007	56	845200	15093	12. 54
2008	127	1683250	13254	11. 95
2009	368	4392125	11935	14. 63
2010	466	5384875	11556	12. 45
2011	975	13861950	14217	13. 13
2012	1386	22547076	16268	13. 39
总数	3378	48714476	14421	13. 25

资料来源：Traci L. Mach, Courtney M. Carter, and Cailin R. Slattery, Peer - to - peer lending to small businesses, Finance and Economics Discussion Series Divisions of Research & Statistics and Monetary Affairs Federal Reserve Board, Washington, D. C. , 2014. 10.

第二，Prosper。

Prosper 是美国另外一个著名的 P2P 网贷平台，从成立的时间上看，Prosper 成立的时间早于 Lending Club，但 2008 年 10 月，SEC 认定 Prosper 出售的凭证属于证券，为此对 Prosper 下达了暂停业务的指令[1]。受这一因素及定价等相关因素的影响，Prosper 在业务规模上落后于 Lending Club，但即使如此，Prosper 仍是美国最重要的 P2P 网贷平台，具有重要的示范效应和领先意义。

借款人审核条件：具有美国合法公民身份、社会保障号、个人税号、银行账号、个人信用评分超过 520 分的客户都可以从 Prosper 取得贷款。

风险定价：Prosper 采用的是基于内部评价的利率定价机制。Prosper 具有自身的内部评级体系，将消费者根据其信用划分为 7 个档次，分别是 AA、A、

---

① 王朋月、李钧：《美国 P2P 借贷平台：历史现状与展望》，载《金融监管研究》，2013 年第 7 期。

B、C、D、E、HR。在贷款定价上严格根据消费者的信用评级来进行，档次越低，定得价格越高，反之亦然。此外，消费者的贷款期限以及以前是否 Prosper 贷过款从也是定价参考的两个重要因素。根据信用评级及综合因素，Prosper 确定的利率空间较大，在 5.65% 到 33.04% 之间。

盈利机制：Prosper 本身不是信用风险的承担者，其扮演的角色是利用平台为借款人和投资人之间审核、甄别消费者的身份、信息、信用等级等。在费用收取上，借款人和投资人双方收取费用。对借款者而言，Prosper 根据借款金额收取 0.4% 到 0.5% 之间的费用，需要指出的是，借款人评级越高，收取的费用越低。对投资人而言，Prosper 按规模收取年费，费率在 1% 左右。

虽然 Lending Club 和 Prosper 在美国占据了主要市场，但一些具有经营特色、商业模式新颖的 P2P 网贷机构也逐渐在夹缝中成长起来，Upstart 和 OnDeck 就是两家代表性机构。Upstart 成立于 2012 年，虽然创建时间不长，但经营理念很前卫。Upstart 在对借款人的审核及信用评级上，Upstart 会把教育背景作为一个重要因素考虑进来，包括借款人的学校、专业、成绩、就业经历等，这些因素与信用评级（包括 FICO 分数、信用报告、年收入等）一起构成 Upstart 向借款人提供融资的判断因素。Upstart 认为，借款人的学历背景是有效判断其财富潜力和未来还款意愿的重要因素之一。对于那些学历背景较好但暂时没有获得 FICO 分数的借款人，即使无法从其他 P2P 网贷平台取得信贷，也可以从 Upstart 获得一定额度的贷款。在盈利模式上，Upstart 与其他 P2P 平台同样是向借款人和投资人收取费用，但在风险承担上，与其他 P2P 平台存在一定差异。Lending Club 和 Prosper 等网贷平台不管投资人的贷款能不能收回，都会向投资人收取服务费和中介费，不从中承担任何风险。Upstart 则改变了这种做法，与投资人共同承担借贷资金损失的风险，其操作方式是，如果借款人出现违约，Upstart 会将从借款人收取的费用中拨出资金来补偿投资人，相当于 P2P 平台割舍了部分利润区给投资人，保障投资人的利益。

另外一家较为有特色的 P2P 网贷机构是 OnDeck，这家 P2P 平台专注于小微企业贷款。在审核上，与其他平台高度关注个人信用评分不同，OnDeck 非常关注借款人企业的稳健性，其中现金流是一个重要的参考指标。OnDeck 还开发了中小企业信用评分系统，可以实现为 99% 的借款人进行信用评分。On-Deck 推出的产品有两种，一种是期限贷款，另一种是信用额度贷款。期限贷款一般时间段在 3 个月到 24 个月之间，贷款额度在 5000 美元到 25 万美元之间。信用额度贷款的额度一般在 10000 美元到 20000 美元之间，即给中小企业一个可以随时提取的信用额度，在还款期限的设定上，以最后一次提款的时间为界定，6 个月之内偿还。OnDeck 这种业务模式对中小企业的融资需求起到了较大的积极作用，据 Analysis Group 咨询公司的研究发现，OnDeck 向中小企业发放的 10 亿美元贷款可以带动 34 亿美元的经济效益，创造了 2.2 万个工作岗位。

（2）众筹融资。

美国众筹业发展得非常火热，目前影响力最大、业务规模最大的众筹平台主要有 Kickstarter 和 IndieGoGo 这两家，这两家在世界众筹业中居于领先地位，其经营模式受到了全球关注。

Kickstarter 创立于 2009 年，成立之初，主要是为电影、音乐等项目提供融资，到目前为止已经成为为多类项目提供融资的平台，包括出版、设计、技术等，其自我定位是要成为全球最大的创意项目融资平台。由于美国金融危机后亟须通过创新性的融资机制为中小企业提供融资，而众筹方式符合了这种理念，所以 Kickstarter 在成立后便经历了快速增长期，2013 年，Kickstarter 共有 300 万用户参与了总计 4.8 亿美元的项目众筹，平均每天筹集资金 130 万美元或每分钟筹集 913 美元。

Kickstarter 的主要业务流程及收费模式如下：首先是接收创意项目，并对其进行评估。对于通过评估的项目，工作人员会要求项目发起人从更加适应市场化的角度对项目进行细化，达到要求后，Kickstarter 便在网站上对项目进行展示，寻求投资者的投资，募集期限一般在 60 天以内。在规定的期限内，如果融资者融到目标资金，则募集成功，如果融资者没有融到目标资金，则融资者不能提取资金，已经融到的资金也要退还。在盈利模式及费用收取上，Kickstarter 从融资者那里按融资金额的 5% 收取手续费。Amazon Payment 作为整个交易过程的资金托管和交易平台，也会从中收取 3% ~ 5% 的交易费用。

IndieGoGo 成立于 2008 年，其成立以来就定位于国际化融资平台，在实际业务开展中也确实在坚持走这条路。在业务流程的开展上，IndieGoGo 与 Kickstarter 差异之处主要表现在，一是 IndieGoGo 在融资项目上更为广泛，没有类别的限制。二是 IndieGoGo 的融资期限更长，时限是 120 天。在融资机制上也更为灵活，分别是固定融资和弹性融资，消费者可以自由选择。在固定融资机制下，如果在规定期限内没有实现融资目标，则退还资金；在弹性融资机制下，即使在规定期限内没有完成融资目标，融资者仍然可以使用已经融到的资金部分。三是 IndieGoGo 具有税收减免机制，当融资项目是非盈利的性质时，IndieGoGo 提供税收减免。四是在账户选择上较为自由，不需要只使用美国银行的账户，便利了国际融资者。在盈利模式及费率收取上，对于固定机制下的融资，IndieGoGo 收取 4% 的手续费。弹性机制下的融资，IndieGoGo 收取 9% 的费用。支持平台收取费用的比例为 3%，国际融资者还要额外支付 25 美元的费用。

（3）网络银行。

在美国，网络银行的代表就是直销银行，在 20 世纪 80 年代，美国的直销银行起源较早，经过多年的发展，目前已经成为金融市场的重要组成部分，最具代表性的企业是美国的 ING Direct USA 银行。

在客户选择上，ING Direct USA 呈现出如下特点：一是中等收入阶层，年龄在 30 岁到 50 岁之间；二是熟悉互联网，习惯于网上消费及金融服务；三是对利率及价格较为敏感，较为重视储蓄存款的利息收入；四是偏好时间成本，对传统金融服务的耗时存在抵触。总体而言，其对金融服务的要求是尽可能节省时间成本、简化交易过程、提升消费体验、获得高储蓄回报。为使客户群能够达到要求，ING Direct USA 每年都要对客户进行评估、筛选及清理，统计数字显示，每年约有 3500 名客户被清理掉，大幅度节省了成本支出。截至 2013 年，ING Direct USA 实现了 1300 万人的客户规模，2013 年前三个季度的利润达到 4.48 亿美元。

在产品设计上，呈现如下特点：一是设计能够融入直销银行的产品，不采用点多面广的形式，而是选择有限产品，并重点集中在储蓄产品及部分贷款产品，主打网络化、精细化，使客户在应用上上手快、体验好。二是通过关联的形式能够在活期账户中及时取得资金。三是提高自助体验，产品设计简单易于操作，可以实现消费者的高度自助化。四是没有存款下限的要求，不同资金规模的消费者都可以成为该行客户。

在盈利模式和收入上，ING Direct USA 没有分支机构和物理网点，经营成本很低，在时间成本上不到传统银行的三分之一，获客成本也大幅度下降，拓展一个新客户的成本大概在 100 美元左右，而传统银行拓展一个新客户的成本大概在 300 ~ 400 美元左右。

（4）互联网券商。

美国互联网券商是由折扣券商发展而来，随着互联网应用功能多元化及电子交易的发展，互联网券商迎来了大好发展时机，特有的经营模式在美国证券市场受到关注，其中，嘉信证券（Charles Schwab）和与 E * TRADE 具有很强的代表性。

第一，嘉信证券。

嘉信证券成立于 1971 年，是由折扣经纪商发展而来。1996 年，嘉信证券建立"eSchwab"正式利用互联网来开展业务，并设立了"货币连线"基金电子转账服务，逐步建立起网上经纪业务服务体系。由于利用网络业务便捷快速、佣金低廉，很快就拓展了大量的网上交易投资客户，成为美国最大的网络券商。在大规模发展网上业务的同时，嘉信并没有完全放弃线下渠道，但由于其主要业务放在线上，所以线下物理网点的定位与其他线下券商有着本质区别，其物理网点主要是本着小而精的特点来铺设，员工数量不多，一般 4 ~ 6人，主要功能用于客户洽谈、演示等，配合互联网线上业务的开展，通过线上线下双重渠道，满足了消费者多元化的需要。

第二，E ∗ TRADE。

E ∗ TRADE 于 1982 年成立，起初是一家为券商提供安全网络服务的公司，1992 年 E ∗ TRADE 开始为一些公司提供股票交易，并于 1994 年正式创建了股票交易网站，提供专业的互联网金融服务。2000 年 E ∗ TRADE 收购了 Telebanc Financial，并将其命名为 E ∗ TRADE 银行，并把证券业务客户的资产与 E ∗ TRADE银行挂钩，提供一站式互联网金融服务。

（5）互联网保险。

美国早在 20 世纪 90 年代就开始发展互联网保险，借助互联网拓展保险业务。目前，无论是从客户数量、市场规模还是从技术水平上看，美国已经成为全球最大的互联网保险市场。一批有影响力的互联网保险网站如 InsWeb、Insure. com 等快速发展起来，利用互联网拓展保险业务。互联网保险公司通过互联网平台为客户提供互联网市场及产品信息，并为消费者提供互联网保险的产品服务，其中，信息咨询、询价谈判、交易、赔付等保险的整个流程业务都可以通过网络来实现，涉及产品包括健康险、汽车险、医疗险、人寿险、财险等，种类广泛。互联网保险模式主要分为两种，分别是代理模式和网上直销模式。代理模式主要是互联网公司与保险公司合作，实现网络保险服务，其优势在于通过庞大的网络流量及网络入口获得巨大的潜在客户，从而取得规模经济优势。网上直销模式则是保险公司通过网络方式拓展营销渠道、提升营销效率、扩大企业影响。这两种模式都在网络的推动下，取得了快速的发展。

2. 英国。

（1）P2P 网贷机构。

英国 P2P 网贷机构的发展在欧洲居于领先地位，从行业性质和称谓上，包括 P2P 网络借贷和投资型众筹在内的互联网金融业务在英国统称为替代性融资业务。近年来，替代性融资业务成为英国传统金融业务外的一个重要金融发展领域，2014 年英国替代性金融同比增长 168%，达到 23.37 亿欧元（或 17.8 亿英镑），其中，以 P2B 借贷、P2P 个人借贷为重要发展点，从资金投向上看，2014 年，英国替代性金融市场提供了超过 10 亿英镑的融资，服务中小企业的数量超过 7000 家，贷款总量相当于英国银行业给中小企业贷款总量的 2.4%①。

英国网络借贷行业发展较早，2005 年诞生了全球第一家网络借贷平台 Zopa。从网贷机构的数量看，目前英国有 40 多家，在欧洲各国中占据了较大比重，其中最为有名、且规模最大的网贷平台分别为 Zopa、Funding Circle、Rate Setter、Market Invoice 这四家。从交易金额上看，这四家网贷平台占比超过 80%，并且在经营上各有特点，如 Funding Circle 专门向中小企业提供融资，Rate Setter 专门设立了风险准备金。英国 P2P 金融协会（P2P Finance

---

① 数据来源于剑桥大学和安永会计事务所于 2015 年 2 月发布的《Moving Mainstream: The European Alternative Finance Bench marking Report》。

Association）数据显示，2014 年上半年，该协会成员机构累计发放贷款 14.82
亿英镑，2014 年新增贷款超过 5 亿英镑。目前，P2P 借贷平台中投资者总数达到
10.15 万英镑，其中个人投资者占 65%；借款人总数达到 10.13 万英镑，其中个
人借款人占 94.2%。如表 3 - 3 所示，英国网贷平台的一个显著特点是集中度非
常高，前 4 家平台占市场份额 81.9%，前 10 家平台占市场份额 98.7%[①]。

表 3 - 3　　　　　　　　　英国网贷平台前十名

排名	公司	成立时间	模式	已贷总金额	在贷总金额
1	Zopa	2005 年 3 月	P2P	564000000	280000000
2	Funding Circle	2010 年 8 月	P2B	305601000	214028000
3	Rate Setter	2010 年 10 月	P2P	268858000	170937000
4	Market Invoice	2011 年 2 月	P2B	195477000	Null
5	Thin Cats	2011 年 1 月	P2B	70086000	55000000
6	Platform Black	2012 年 4 月	P2B	67566000	Null
7	Wellesley&Co	2013 年 11 月	混合	47533000	45885000
8	Lend Invest	2013 年 5 月	混合	44012000	35000000
9	Assetz Capital	2013 年 2 月	P2B	36286000	25000000
10	Folk 2 Folk	2013 年 2 月	混合	28531000	23895000
10 家总数				1627950000	849745000
行业总数				1648539000	889591000

资料来源：刘思平：《英国四大 P2P 平台是如何运营的?》，未央网，2015 年 5 月 15 日。

第一，Zopa：P2P 行业鼻祖。

作为全球第一家 P2P 网贷公司，Zopa 公司成立于 2005 年，是欧洲地区业
务规模最大的 P2P 借贷平台。截至目前，Zopa 公司的贷款业务规模达到 6.33
亿英镑，拥有超过 6.3 万活跃借款人和 5.7 万活跃投资者，2014 年，平台的平
均单笔投资额为 5 710 英镑，平均单笔借款额为 5 500 英镑，投资者总收益超
过 3 700 万英镑。目前 Zopa 业务增长迅猛，尤其是在全球互联网金融的热潮

[①]　2014 年 7 月的统计数据。

下，迎来了高速发展的黄金时期。

借款人条件：Zopa 对借款人的审核较为宽松，年龄在 20 岁以上，信用记录较好，偿还能力较强的英国居民都可向 Zopa 申请贷款。Zopa 的借款人以个人为主，个人贷款占 90% 以上，借款主要用于购买汽车（40%）、改善住房（20%）和清偿债务（20%）。

信用评级：Zopa 在对借款人的信用等级评定上采取的是与评级公司合作的方式，Zopa 通过 Equifax 公司确定借款人的信用评分，并依据该评级确定贷款核定及贷款规模。

运营方式：Zopa 提供 5 年期和 3 年期两种期限的贷款。投资者确定期限后，平台会依据利率自动组合一揽子贷款项目推介给投资者，而不是由投资者根据利率和风险自己确定项目的选择，这种方式使平台方有了更强的主动权。为给投资者提供更高的汇报，平台会将投资者出借的资金进行划分，分割成许多份额，通过数据分析，确保投资者的回报比银行的平均储蓄率高 1%。在投资者的资金限定上，设有 10 万英镑的最低限额，但不设最高限额。

风险控制上：Zopa 强调分散化投资：在默认模式下，Zopa 会自动将投资者的资金按照 10 英镑的单位分成若干组，按组进行投资，如果投资金额超过 2000 英镑，资金至少会借给 200 人。

为保障投资者的本息安全，Zopa 设置了安全基金，类似于风险准备金，负责在贷款违约时替借款人偿还未支付给投资者的本金和利息。基金来源于 Zopa 对借款者收取的手续费，其中的一部分存到安全基金，交给非营利性的信托机构 P2PS Limited 保管。交付给 P2PS Limited 之后，Zopa 便失去了这笔资金的支配权，只能根据专门的法规，用于偿还违约者欠投资者的本金与利息。

在防范欺诈方面：目前，Zopa 已经加入英国信用行业欺诈防范体系（CI-FAS）。CIFAS 是综合性的欺诈数据库，为会员提供广泛的欺诈防范服务。目前已有 300 余家机构在 CIFAS 注册为会员，会员范围涵盖银行、信用卡机构、线上零售服务上、保险公司、电信集团等，会员可以向 CIFAS 提供并获取与欺诈相关的各类数据和信息，目前对于提供和获取数据信息服务采取双向收费模式。

盈利机制：Zopa 采取向投资者和借款方双向收费的方式，针对投资者收取的费用有两种，一种是服务费，按年收取，一般为投资者出借总金额的 1%；另一种是违约费，如果投资者在期限到期前收回资金，按 1% 收取违约费，从数据统计看，针对借款者收取的主要是服务费，其数额为 20~420 英镑（2014 年 10 月 11 日数据），该数额根据借款期限和额度浮动。

第二，Funding Circle：侧重于为中小企业提供贷款支持。

Funding Circle 成立于 2010 年，总部位于英国，目前在美国旧金山成立了分公司。与 Zopa 的侧重点有所不同的是，Funding Circle 专注于为中小企业提供贷款支持，也是英国第一家此类公司，并且英国政府也会借助该平台向中小企业提供资金支持。截至 2014 年 9 月，Funding Circle 在英国的投资者达到 3.29 万人，累计为 5500 家中小企业发放贷款 3.8 亿英镑。

借款条件：英国本土中小企业，需至少成立 2 年（一般是已经运营 10 年左右），营业额超过 10 万英镑，且不存在超过 250 英镑的未偿还贷款。

信用评定：Funding Circle 将借款方的信用等级划分为五类，分别是 A +、A、B、C、C –，依次由高到低递减，平台会根据借款方的进款规模、项目及资质等采取机器算法和人工综合评估，从而确定借款方的信用等级。

期限及资金价格：中小企业通过 Funding Circle 申请的借款规模一般在 5000 英镑到 100 万英镑之间，期限一般为 6 个月到 5 年，利率从 6% 算起，每月等额还本付息。在定价方式上，利率的确定采取拍卖制，最终利率是由投标方的加权利率来确定。

风控机制：Funding Circle 对待企业借款有一整套完整的风险控制措施，只向成立两年以上的企业提供贷款服务。根据其内部的风险模型，风控团队会根据贷款价值和贷款目的，有时还包括个人担保、特定资产或企业全部资产抵押状况，综合机器算法和人工评估对企业进行风险评级，分为 A +、A、B、C、C – 五个等级。同时采取分散小额投资，进行集中度限制，实施资金第三方托管机制。

盈利机制：Funding Circle 采取双向收费模式，分别向投资者和借款者收费。针对投资者按年收取服务费，一般为所出借资金的 1%。针对借款者，根据期限、规模、类型等一次性收取一定比例的服务费。

2014 年，Funding Circle 获得英国政府 4000 万英镑的直接融资支持，资金的 10% 直接投向平台，其余部分投向商业银行，用以间接向平台提供融资支持。

（2）众筹融资。

英国众筹业比较发达，截至 2014 年 10 月，在英国众筹协会登记注册的众筹平台有 36 家，其中，Crowdcube 和 Seedrs 两家股权众筹最具代表性。

Crowdcube 创建于 2012 年，目前已经发展成为英国最大的股权众筹平台。自成立以来到 2014 年 6 月，该众筹平台为零售、食品、科技、健康、媒体等 15 个行业、126 个项目完成融资 2771 万英镑，其中，零售、食品、互联网行业的融资居于主导。Crowdcube 实施固定融资模式，这种方式的主要特点是如果融资方在规定的时间内没有完成既定的融资目标，则需要将已经融到的资金退还给投资者，如果达到既定的融资目标，则签订相关投资协议。在盈利模式及费用收取上，Crowdcube 向融资者收取手续费。

Seedrs 成立于 2012 年 5 月，是英国第一家由监管部门（英国金融市场行为监管局，FCA）批准的股权众筹机构，从监管角度而言，Seedrs 的监管定位具有重要的标杆意义。Seedrs 虽然起步晚，但发展极为迅速，成交额每半年都可以翻 1 倍到 2 倍。截至 2014 年 1 月，Seedrs 为 56 个项目完成了总额达 555万英镑的融资。Seedrs 在业务流程上与其他众筹没有较大差异，不同之处在于融资后的管理环节。融资企业或项目在完成既定的融资目标金额后，投资人可以选择由 Seedrs 代为股权管理，这种情形下，投资人与 Seedrs 之间就形成了委托代理关系，Seedrs 替投资人与融资企业或项目签订相关协议。这种代理模式的优点如下：融资人不必与众多的投资人沟通，只需与代理人进行接洽即可，沟通环节更为简单；在投资人本身缺乏足够的时间和专业知识对融资人进行监督的情况下，由 Seedrs 代为监督可以提高专业性并节省时间成本。

（3）网络银行。

英国的网络银行可以分为两类，一类是直销银行，这类银行在线上更多的是依靠网络来开展业务，在线下主要依托 ATM 开展自助化业务，以 First Direct 为代表；另一类是英国金融监管当局近期已经批复的完全采取线上化运行的纯网络银行，以 Atom 为代表。

First Direct 于 1989 年由英国米特兰银行（Midland Bank）创建，后来由于米特兰银行被汇丰集团收购，First Direct 因而纳入汇丰集团。从 1997 年开始，First Direct 开始提供网上业务。First Direct 注重与客户的互动，及时了解客户的想法和需求，通过这种交互式行为一方面拉近与客户距离，提升客户忠诚度和黏性，另一方面，通过客户的反馈，及时对产品进行更新迭代，或者研发新产品，更好地满足客户需求，提高客户体验。为此，First Direct 成立了 First Direct 实验室，该实验室其实是一个开放式的平台，客户可以在这个网站平台上提出自己的想法和建议，还可以参与产品的研发及设计。在业务运营上，主要依靠网络来运行。在收费策略上，First Direct 采取薄利多销的方式，在定价上具有较强的竞争优势，存款利率高于传统银行，贷款利率低于传统银行。定价上的竞争优势及网络化的便捷使 First Direct 发展迅速，受到了广大消费者的偏爱。

Atom 银行近期获得了英国金融监管当局的经营执照，这是英国首家正式发牌经营的网络银行，坚持"无网点、无纸张"运行，主要依托手机 APP 开通账户和管理资金，还会与一些银行合作，通过手机、电子邮件、社交网络等为用户提供全天 24 小时服务。此外，还会在生物识别安全系统上提升客户体验。其创办者安东尼·汤姆森表示，随着网络技术的进步，客户到分行处理账户的次数减少，通过网络理财的需求大增，创办网络银行迎合了这种新的需求，同时节省了开设及运营分行的资金，可为客户提供更加优惠的借贷利息。①

3. 德国。

（1）P2P 网贷机构。

P2P 在德国的发展与其他国家一样，都是处于刚刚起步阶段，时间较短。从发展情况看，德国 P2P 行业发展高度集中，主要两家 P2P 机构占据了市场主体，分别是 Smava 和 Auxmoney。这两家公司都是通过网络平台向小微企业或个人提供融资服务。这两家 P2P 公司的经营特点如下：①P2P 公司负责对借款人的信用评估。在信用评估方式上，P2P 公司或者委托给专门的信用评级公司对借款人进行信用评估，或者采用自身的方式对借款人进行信用评估。如 Smava 对借款人的信用评估委托给评级公司 Schufa 来进行，通过强制评级的方式将借款人进行信用等级划分，共分为 A～H 级等几个信用档次。Auxmoney 公司对借款人设立了借款的准入门槛：一是年龄要求，需要为 18～70 岁；二是需要是德国居民；三是要拥有一个储蓄账户。Auxmoney 还要对借款人的相

---

① 李应齐：《英国推动金融市场改革　未来 5 年新增 15 家银行》，载《人民日报》，2015 年 6 月 16 日。

关信息进行审查。②通过公开拍卖的方式达成贷款需要。借款人在 P2P 公司的网络平台上将自身的资金需求情况列示，包括借款额度、利息承受度等信息，投资人根据借款人的情况开展竞标。在借款规模上，Smava 每笔借款金额在 1000 欧元到 5 万欧元之间，投资人投标金额以 250 欧元为倍数。Auxmoney 的单笔借款金额需要介于 1000 欧元到 2 万欧元之间，以 50 欧元为倍数。③资金拍卖设有期限限制。如 Auxmoney 起初在资金拍卖的期限上设定是 14 天，投资人在这个拍卖期间可以给出投资金额并给出资金价格，在 14 天结束前，投资人可以对报价进行调整和更改。14 天到期后，借款人可以根据资金价格进行排序并筹措资金。从 2013 年开始，期限延长至 20 天，当借款金额与贷款金额数量匹配时，拍卖自动结束。在费用收取上，Auxmoney 向投资人收取中介费，费用在 1%。Smava 向借款人收取中介费，费用也是 1%。通过上述形式赚取收益。

（2）众筹融资。

德国众筹行业起步较晚，规模不大，但增速也比较快。总体上看，德国众筹行业呈现如下两个特点：第一个特点是贷款范围较广，主要目标为个人或小微企业。德国的众筹机构既可以提供创业投资，也可以针对特定项目提供资金，电影、音乐、游戏、书籍等都可以成为众筹的项目对象。这些个人或小微企业难以从银行获得正规的贷款，转向采用众筹的方式进行融资。第二个特点是融资人如果在截止日期前未能融满足够金额，则需要退还已融资金。其主要流程是，融资人在 P2P 平台上发布项目，投资人根据项目情况及自身的资金进行投资选择。在融资人设定的期限截止日到期时，如果融资人不能筹集到足够的资金，则需要将已融到的资金全部退还。

（3）网络银行。

网络银行在国外主要是以直销银行的形式呈现，在德国，网络银行业逐渐兴起，通过网络平台为客户提供金融服务，由于成本低、效率高，增速较快。目前，德国主要有四家网络银行，分别是 Comdirect、DAB、Cortal Consors 和 ING DiBa，这四家网络银行吸收的存款占全部银行存款余额的6%，受托资产规模占比8%，拥有客户证券账户数量占14%。根据德意志银行的预测，未来5～10年，网络银行在德国将快速增长，市场份额将达到五分之一甚至更多。

4. 法国。

（1）P2P 网贷机构。

P2P 在法国起步较晚，从 2010 年左右开始发展起来。法国 P2P 的经营模式主要分为两种，一种是营利性 P2P 机构，另一种是非营利性 P2P 机构，这两种模式的代表性企业分别是 PRTD'UNION 和 Babyloan。下面分别对这两家机构进行介绍。

PRTD'UNION 成立于 2011 年底，其股东的银行背景使其在监管部门的审批中获得了较大的空间，不但获得了 P2P 信贷平台的经纪牌照，还获得了 ACPR 颁发的信贷机构牌照（金融机构子牌照）。对于 P2P 机构而言，分别获得这两项牌照非常不易。从全球 P2P 发展情况看，这种情况也较为少见。双重牌照的获得使 PRTD'UNION 具备了较大的经营发展空间，在法国 P2P 行业发展中独树一帜。从业务开展上看，PRTD'UNION 主要向借款人提供消费融资，并且以小额为主，人均规模在 9000 欧元左右。从投资方来看，投资人通过 PRTD'UNION 网络平台购买特定贷款的份额，并依据此份额从借款人那里获得投资收益，包括本金和利息等。特定贷款份额规模一般在 3000 欧元到 3 万欧元之间，期限配置上主要在 2 年到 5 年之间。PRTD'UNION 目前处于高速增长态势，从数据上看，到 2013 年底的时候，其累计放款规模在 4700 万欧元这样，月均贷款增长率达到了 10% 的高速水平。未来，PRTD'UNION 将继续保持着快速发展空间，这种经营模式在法国受到了认可，在小微贷款、个人便捷融资方面表现出了特有的优势。在全球互联网大潮下，PRTD'UNION在法国有着巨大的发展空间。另外一种非营利经营模式的代表性 P2P 机构的是Babyloan，该机构不以盈利为主要模式，但却在公益体系中承担着特殊的功能，主要是以非营利性平台的方式为发展中国家的小微企业提供创业融资支持。在资金规模上，主要是以几百欧元到几千欧元的创业融资支持为主，对这类模式的 P2P 网贷机构我们在这里不做详细介绍。

（2）众筹融资。

众筹这种互联网金融形式在法国也是最近 2～3 年才发展起来，虽然起步较晚，但发展速度却是非常迅猛。从数据上看，2013 年，法国通过众筹平台筹集的资金规模达到了 8000 万欧元，是 2012 年的 2 倍，可见法国众筹业发展的态势之迅速。从当前法国众筹业发展的情况看，领先公司占据了市场的主导地位，具有代表性、业务排前的公司主要有三家，这三家也是欧洲众筹行业较为靠前的公司，分别是 Mymajorcompany、kissBank 和 Ulule，其中 Mymajorcompany 最具影响力，不但在法国国内是领先者，占据主导位置，甚至在整个欧洲众筹行业中都是先驱。Mymajorcompany 的运作模式是通过平台向投资者筹集资金，投向有发展潜力的音乐人，投资人的收益来自音乐人的唱片发行收益。除音乐外，Mymajorcompany 还通过平台募集资金支持有潜力的作家，收益方式与音乐人类似。Mymajorcompany 已经为法国、德国、英国等国家的 4.2 万个项目提供了融资，金额达 1580 万欧元。一些著名歌手和作家也在 Mymajorcompany 的众筹融资支持下被挖掘出来。

（3）网络银行。

法国网络银行主要体现在信息化渠道建设方面，通过信息化渠道建设促进银行业务的网络化、社交化、数字化。具体而言，主要有以下几个方面：

第一，推动银行业务经营渠道从线下向线上迁移。为更好地促进银行利用互联网开展业务，从而提升经营效率，法国银行业从渠道入手，充分将其变革和改造，推动经营业务从线下向线上的迁移。目前，法国大多数银行机构已经可以利用网络开展各类业务，为消费者提供各类高效的服务，这场网络化变革取得了很好的效果。从法国网络银行经营业务种类来看，受益于法国较为宽松的混业监管模式，法国的网上银行可以开展几乎所有的银行业务，包括各类存贷款类、信用卡类、各类保险类、股票基金买卖类等各种金融服务，可以说已经实现了网上金融超市。与传统线下模式相比，法国银行业务通过线上渠道的变革，在服务成本上大幅度降低的同时，还给客户的体验带来了很大程度的提升。

第二，充分利用社交网站提高获客能力及服务能力。在转向线上业务的同时，法国银行业也深刻意识到了社交网站这种新型的社交网络给金融业务带来流量增加的效果，采用多种方式开始积极向社交网络布局。一方面，通过社交网络扩大宣传营销，通过在 Facebook、Twitter、Linkedin、SecondLife 等社交网站上建立银行网页的形式对银行的业务进行宣传，在扩大影响力的同时，吸引更多的消费者使用本银行的服务，起到了营销的作用。另一方面，利用社交网站近距离接触客户，加强与客户的沟通与互动，倾听客户需求及诉求，加快产品创新及产品迭代，通过大数据的挖掘方式，精准化地向消费者推送银行产品或服务，取得了良好的效果。

第三，与电信运营商加强合作，提供多元化数字业务。法国银行业除了利用网络渠道向消费者提供银行产品、保险产品、基金产品等各类金融服务外，还充分与电信运营商合作，提供数字服务，扩大业务领域。这种模式主要是将银行的手机银行与电信平台绑定提供业务。比如，法国邮政储蓄银行通过其母公司与法国主流电信运营商 SFR 合作成立的电信子公司，向客户提供手机和电信套餐服务。这种业务模式扩大了业务领域，拓展了用户来源，取得了较好的效果。

四、 互联网金融对金融市场及传统金融业的影响

从互联网金融发展的当前情况看，对传统金融业带来了较大影响，这种影响既体现在对金融市场的影响上，又体现在对银行、证券基金等细分金融行业的影响上。对金融市场的影响主要体现在定价、边界、监管方式等。对细分金融业的影响主要体现在三个大的主体方面，分别是银行、证券、保险。本节中，将分别研究互联网金融对金融市场的影响以及对银行、证券、保险等行业的影响。

（一） 互联网金融对金融市场的影响

互联网金融的发展有着特殊的历史背景，也有着特殊的意义，由于是一种全新的金融服务方式，对金融市场的改革进程、生态体系、市场边界、定价机制、监管方式等都有着较大的影响。

1. 互联网金融成为金融体系改革的重要着力点。

中国金融体系迎来了新一轮改革阶段，金融深化进程将不断推进。从改革内容看，前一轮改革是机构改革和存量改革为主，对已有的银行机构进行股份制改造。而新一轮的金融改革则是推动市场化进程，寻求新的突破点，进行增量改革，进一步丰富金融市场，提高市场运行的效率。以互联网金融里的典型性代表为例，如浙江网商银行、前海微众银行等网络银行，它们既是网络银行，又是民营银行，作为科技创新发展的新兴业务模式，与金融改革高度契合，首先是新兴网络银行是民营资本创设的银行，是资本市场向民间开放的典

型；其次，网络银行是一种新兴金融业务模式，符合推动金融创新的主旨；最后，网络银行是在传统银行业之外进行的一种尝试，受到的束缚较少。因此，在上述多重因素的叠加下，互联网金融成为了金融市场改革的重要推动点。

2. 互联网金融影响着金融市场的定价体系，加速利率市场化进程。

资金的价格是利率，货币的价格是汇率。中国金融市场体系的改革不可避免地要涉及利率及汇率的改革。在利率改革上，主要是推进利率市场化，通过价格机制更好地提高金融市场的资源配置效率。不论是 P2P 机构、互联网理财、直销银行，还是前海微众、浙江网商等纯粹性的网络银行，在资金价格上基本上是市场化的定价机制及市场化价格水平，对传统金融市场定价行为具有较强的渗透能力。在传统银行与网络银行之间形成了资金价格的双轨制，形成了两条价格通道，一边是官方定价机制及价格，一边是市场化定价机制及价格。互联网金融的定价机制及价格水平是真实的市场需求的反映，一方面其市场化的定价行为可以倒逼银行等传统金融业务更加迅速地向市场化的定价方式推进；另一方面，互联网金融的市场化定价机制可以为利率市场化改革提供参考样本。在我国传统的改革中，一般是在体制内部开辟一个试点，待试点成熟后，再向外推广。互联网金融的定价行为可以自然地转化为这种改革的试点，并自然地实现其渗透功能，促成金融市场定价体系改革的过渡，提高利率市场化的推进效率。

3. 互联网金融促使金融生态体系和市场结构发生重塑和重组。

互联网金融的发展既有银行体系内部的力量，也有银行体系外部的力量，其对金融生态体系和市场的影响是深远的，主要体现在以下三个方面：（1）互联网金融使金融资源的配置能力和整合能力更强。随着网络银行的发展，更多的 IT 公司、电商企业等加入金融资源配置的行列，在金融资源的供给和配置上不再局限于银行、证券、保险等传统金融机构，金融资源的投入主体更多，配置能力更强。并且，互联网的开放性使银行等传统金融机构可以依托直销银行更好地将闲置资源或存量资源进行重新配置和调整，提高金融资源的利用率，与新兴网络银行一起提高金融整合各类资源的空间和能力。（2）互联网金融使金融生态从闭环走向开环，金融边界大幅扩张。传统金融的创新发展主要行进于体系内部的闭环运行，有着较强的局限性，其生态演进是以风险缓释为核心，从一类金融产品向另一类金融产品的过渡，金融的边界没有发生根本性的改变。但互联网金融的发展则不然，依靠互联网络和移动网络可以对各类产业进行渗透、对各类群体进行服务，批量化、碎片化、标准化、定制化等各类服务都可以同时实现，一并满足，打破了金融的传统边界和范畴，金融的内涵和外延得到了前所未有的扩展，金融业有了更大更强的增长点，金融市场也有了更大的蛋糕，金融服务主体都可以从中获益。（3）互联网金融促成新的金融生态体系的形成。在网络银行的推动下，金融生态圈正在发生变化，从纯线下的生态圈已经演化到线上线下一体化的生态圈，并且，随着网络银行的发展，基于线上支付、线上信用评估、线上存贷款等新的生态圈也将加速形成。

4. 互联网金融将推动金融市场竞争格局的重新博弈与调整。

这种博弈与调整主要体现在以下几个方面：（1）小银行与大银行的博弈。历史因素的限制使小银行更加热衷于互联网金融如直销银行的发展，凭借互联网金融，其竞争弱势可以得到较好的规避，在资金调配能力和物理网点都远弱于大型银行的情况下，可以另辟蹊径，发挥船小好掉头的优势快速转型，加大互联网金融资源的投入，起到事半功倍、"四两拨千斤"的作用，化被动为主动，提高市场占有率。（2）体系内金融与体系外金融的竞争进入更深层次。自互联网金融出现以来，体系外金融通过跨界发展，不断蚕食着体系内金融市场，但从蚕食领域来看，主要是支付业务，在存贷款等银行的主体领域尚未发生根本性变化，二者之间的竞争交集也相对较小。但随着微众、浙江网商等互联网金融机构的筹建以及存贷款业务的开展，体系内金融与体系外金融的竞争进入了金融的本质领域，竞争交集更广、竞争领域更大、竞争层次更深，进入了一个新的阶段。（3）传统金融与新兴金融的竞争格局将进入拉锯式博弈阶段。随着支付宝、财富通、余额宝、微信理财通等互联网金融业务的开展，对银行造成了巨大的压力。从银行的应对上看，一直是处于被动的局面，但随着银行对直销银行的大规模筹建以及线上业务的开展，其互联网意识真正觉醒，一边倒的格局将被打破，进入调整阶段。并且银行在互联网金融业务的开展上有着较强的信用优势、消费者路径依赖优势、风险控制优势、线下客户转线上的优势等。因此，传统金融与新兴金融的竞争将更加激烈，相当长一段时间将处于拉锯战式的格局之中。

5. 互联网金融将促使金融重回普惠包容的本质。

长期以来，受服务成本的约束、服务能力的限制以及抵押品匮乏的因素，银行等传统金融机构主要服务于大城市、大客户、大企业，对农村地区、小微企业和低净值客户的服务能力明显不足。造成了我国小微企业融资难以及农村地区金融服务薄弱的局面。但随着网络银行的发展，这种局面可以得到缓解。在供给端，更多的主体加入了金融服务的大军，依托互联网、移动网络和平台优势，覆盖面更广，可以服务到更多的消费者。依靠大数据处理优势，可以有效地解决信用评估难题，在抵押品上缓解小微企业的融资约束。直销银行也好，微众、浙江网商银行也罢，各类互联网金融主体都可以实现"屌丝"理财模式，可以有效地降低金融门槛，满足低净值客户的财富增值需求，金融服务的可得性大幅增强，推动金融的普惠性和包容性。

6. 互联网金融将会影响到金融市场的调控方式。

互联网金融依靠网络化的运行方式与传统金融机构有着很大的差别，对金融调控也会带来很大影响。一是资金价格的确定。在我国目前尚未实现利率市场化的情况下，银行体系的利率按照央行的政策执行，在基准利率的基础上有一个浮动区域。在这种背景下，微众、浙江网商等网络银行的资金价格将面临着挑战，如果采取与传统银行一样的定价方式，即"基准利率＋浮动区间"的模式，则其定价的自主性和灵活性将被封死，在服务小微企业的能力和定价优势上会大打折扣。如果不采用一致定价的模式，则可能存在着监管套利的风险。因此，监管层很可能针对其网络特性、创新特性以及服务小微企业的定位，在给其一定的约束条件下，采取差别化、市场化的定价政策。二是存款准备金政策。存款准备金是央行调控金融市场的重要途径，通过调整存款准备金率来调控市场流动性。互联网金融在功能上与其他银行等传统金融机构一样，同样创造信用，创造货币乘数，影响到市场流动性的变化。因此，互联网金融将会同样纳入存款准备金范围，但在调控方式上可以有所差异性，根据我国当前存款准备金的调控模式，可以对互联网金融实施差别化、定向化的存款准备金政策，更好地发挥其服务小微企业的能力。三是最后贷款人职能。由于互联网金融是市场化的产物，没有历史因素的遗留，也不存在政府的隐性信用担保，在发生系统性金融危机，存在互联网金融如网络银行破产倒闭的威胁时，央行没有理由对其进行救助。但从金融稳定的角度及消费者权益保护的角度而言，互联网金融机构也应该有一种稳定机制。最有效的办法就是存款保险，因此，国家应加快存款保险制度的建立，合理确定网络银行的保费，促进其稳定发展。

7. 互联网金融将会影响金融市场的监管方式。

互联网金融机构的运行模式也给监管部门的监管方法、理念、方式等带来了挑战。如监管部门在对银行的监管上，设有资本充足率、拨备覆盖率、流动性比率、贷款的五级分类等各种监管指标，对银行的表内业务和表外业务也有着清晰严格的区分。互联网金融机构在监管上也应遵守一致性的监管规则，不然又会存在监管套利的问题。但如果完全套用传统金融机构的监管模式，其创新属性和创设初衷的本意又有可能被抹杀的风险。因此，监管部门应从监管的全局出发以及网络银行的本质属性和差异化出发，找到一套既体现灵活性又不失统一性，既防止监管套利又体现监管差异的监管规则和机制，做好制度安排。而这种安排将使金融市场的监管方式发生新的变化。

8. 互联网金融对货币政策的影响

互联网金融目前规模较小，尚未对货币政策产生较大的影响，但随着互联网金融规模的扩大，其对货币政策的影响不可小觑。从其运作模式来看，将从以下几个方面对货币政策产生影响。首先是影响货币中介目标。大量的货币资金由于互联网金融的存在受到分流，货币中介目标（如 M_2）的可控性和可测性都会受到影响，不利于监管部门的调控。其次，影响货币政策的传导渠道。比如，原来的货币政策传导渠道主要是央行通过商业银行传导到整个金融市场，对各类经济主体的消费、储蓄、投资等产生影响，而随着大规模的互联网理财的出现，发生了存款搬家和分流，在银行等传统金融机构之外，产生了更多的金融渠道，货币政策传导途径也因此受到了影响。再者，影响货币流通速度。通过各类"宝宝"们，增强了货币的流动性，社会公众对货币的使用效率大幅提升，货币流通速度得以加快。最后，互联网金融对货币政策工具产生影响。再贴现、存款准备金和公开市场操作是央行的三项主要货币政策工具，在互联网金融环境下，有些货币政策工具的效能会逐渐弱化，如在存款搬家的情况下，存款准备金的作用就会打折扣，因此，随着互联网金融规模的扩大，如何选择更好的货币政策工具来应对这种变化是一个不小的挑战。

9. 互联网金融对金融市场风险的影响。

对风险的把握和掌控是金融业的重要原则，互联网金融也不例外，需要防控各种可能出现的风险，但互联网金融在经营模式和要素配置上出现了新的特征，监管标准和监管工具还处于摸索之中，在这个阶段，互联网金融可能给金融市场带来的风险主要有以下几个方面。第一，未知的风险可能会增加。互联网金融是一个新兴金融业态，是一种跨界金融行为，在其推动下，金融的边界在不断打破和拓展，一些未知的、新的金融风险也可能伴随出现，尤其是在线上金融创新高度活跃的情况下，难以预知的金融风险可能会发生，需要加强研究和预判。第二，金融风险的传染性可能会扩大。互联网金融是金融与互联网的叠加，在风险来源上也是如此，在保留了传统金融业务的风险如信用风险、流动性风险的同时，一些互联网领域的风险也会融入其中，科技风险、信息泄露、钓鱼欺诈等风险发生的概率会超过从前，并且在金融边界扩大和跨境的背景下，风险的传染性和波动性会大幅增加。第三，互联网金融的流动性风险较为突出。这种风险主要存在于如火如荼的互联网理财产品上，如在高收益率的支撑下，余额宝的规模越来越大，但随着利率市场化地推进，当这种高收益率不再成为竞争优势时，或遇到突发的流动性冲击时，可能会出现大规模的赎回风险，在互联网理财产品的期限配置和资产配置不足以支持赎回需求的情况下，大规模的流动性风险可能会出现，给金融市场带来冲击。第四，互联网金融存在"大而不倒"的风险。"大而不倒"是2008年国际金融危机后全球金融业在银行领域高度重视的课题，这种风险在互联网金融领域同样存在，与银行相比，互联网金融缺乏国家的隐性信用担保，在未来的存款保险中，互联网金融是否纳入以及以何种形式纳入也尚不清晰，因此，互联网金融"大而不倒"的风险更加突出。第五，互联网金融的泡沫风险。这是一种广义上的风险，目前，互联网金融机构很多，仅P2P机构就多达几百家甚至上千家，除少量互联网金融机构具有较为清晰的商业模式、经营模式、盈利模式和风险控制能力外，大多数互联网金融机构是一种跟风和模仿状态，市场定位和目标都不清晰，竞争力不强，同质竞争严重，还有部分互联网金融机构本身就存在着浑水摸鱼的心态，具有较强的短视行为，因此，就行业整体而言存在着一定程度的互联网金融泡沫。在这样的行业生态下，在利率市场化的整体推进的背景下，在遇到经济周期转换和调整时，有多少互联网金融机构能够存活和生存下来还是个未知数，美国 2000 年的互联网泡沫给了我们足够的启示。

（二）　互联网对银行业的影响

互联网金融的迅猛发展已经从多个角度对商业银行产生了影响，如对商业银行的业务边界与范畴、服务小微企业的能力以及定价方式都带来了积极影响，但对商业银行的存贷汇业务以及金融中介角色也带来了一定程度的冲击。

1. 扩大了商业银行的金融活动边界和领域。

互联网金融使商业银行从封闭的、内循环的金融空间走向更加开放的、共享性的金融空间，金融活动领域和范围都得到了大幅度拓展。首先是随着网络经济及电子商务的发展，网上商家已经形成了一个巨大的市场，并且互联网正在向各个行业和领域融合渗透，改造着更多的产业从线下搬迁到线上。规模庞大的网上商家对金融有着很强的金融需求。在互联网金融的带动下，商业银行开始关注这个市场，并积极布局成立电商金融服务机构，如工商银行的"融 e 购"、建设银行的"善融商务"、民生银行的"民生电商"等，都在通过平台的搭建为网上商家提供金融服务，可以更好地涉足新兴行业或产业，市场潜力巨大，发展前景广阔。其次是互联网金融具有广覆盖的特点，利用互联网的延伸和特性，商业银行可以把金融服务及时准确地推送到各类不同类型的金融消费者面前，比如，金融供给相对不足的农村地区一直是商业银行金融服务的薄弱领域，但由于在农村地区布置金融网点经营成本较高，在成本—收益约束下，商业银行对农村地区的金融供给一直不是很充分，导致了金融服务供给的

城乡二元结构。但互联网金融业务可以使商业银行随时随地地向这些地区提供
金融服务，利用网络支付、手机支付、手机银行等向这些地区提供服务，客户
覆盖范围更加广泛。三是互联网金融可以使商业银行更好地提供个性化需求，
纳入长尾市场。利用网络渠道，商业银行可以在刚性金融服务供给的基础上，
提供更加柔性和弹性化的金融服务，满足众多有着个性化需求的金融消费者的
需求，这在以前是无法实现的。长尾市场的纳入也为商业银行提供了更多的客
户资源，市场规模不断扩大。

2. 利于商业银行更好地服务小微企业。

长期以来，小微企业获得的金融服务供给一直不足，融资难、融资贵已经
成为困扰小微企业发展的重要因素。由于小微企业的信用体系不完善，银行无
法有效对其进行风险评估，也就无法为其提供大规模的贷款服务。而商业银行
在互联网金融领域的涉足，可以有效地改善商业银行对小微企业的金融服务。
商业银行通过电商金融平台的搭建，可以较好地跟踪和记录线上小微企业的交
易行为和交易记录，利用大数据优势，对其信用和风险进行有效评估，更好地
提供金融服务。对于线下的小微企业，部分商业银行搭建的类似于 P2P 交易平
台（如招商银行 P2P 平台），利用平台所具备的交易的高度自主性和交易信息
的高度对称性，高度匹配资金的供给和需求，快速实现金融交易。同时，这类
金融平台具有感知敏锐、对市场反应快、与市场对接性强等特点，并具备贷款流
程简单、速度快、产品类型多样、周期短、门槛低等优势，可以更好地为小微企
业提供便捷、快速、恰当、多样化的金融服务供给，解决小微企业的融资难题。

3. 给商业银行的存贷汇业务带来冲击。

商业银行的主要业务是存贷汇，这既是商业银行的传统业务，也是商业的
主要业务。互联网金融的发展正在从不同方面对商业银行的这类传统业务带来
冲击。在存款业务上，P2P 平台的发展很快，其对资金吸引的力度也在不断加

大，存款规模不断扩张，从不同渠道分流了商业的存款规模。再有，互联网理财产品的发展，为消费者理财提供了更多的选择渠道，余额宝的高速扩张就是一个典型事例，这也给商业银行的存款带来了一定压力。在贷款业务上，众多互联网金融的 P2P 平台，根据消费者的需求打造了诸多灵活性的信贷产品，当规模大到一定程度时，必然冲击商业银行的贷款业务。同时，互联网企业开展的供应链金融服务（如京东商城推出的"京东白条"产品）也会影响到商业银行的贷款业务。随着互联网金融的发展，利用互联网金融平台，资金供给方和需求方之间还可能直接实现资金交易，绕开了银行渠道，影响商业银行的贷款业务。在汇款业务上，具备网络支付、移动支付等业务的第三方支付机构为消费者提供了多样化的支付服务，而这一领域正是商业银行的重要中间业务之一，在第三方支付机构的冲击下，商业银行的支付主体角色正在被逐渐弱化，出现了一定程度的市场替代。

4. 影响商业银行的定价机制。

在利率市场化尚未完全实现的情况下，我国商业银行的金融业务定价还不能充分反映资金供求关系，其定价结果也还不能充分反映资金的真实价格，随着利率市场化的逐步推进，均衡的市场价格体系将逐步建立。在这个过程中，互联网金融在资金价格上的反应可以为商业银行提供参考。互联网金融的平台化运营模式、交易信息的高度对称性以及交易的自主性，可以更好地反映供需关系，在交易过程中更好地反映资金的真实价格，在商业银行之外，在另一条金融渠道上逐步形成市场化的定价体系，为资金的成本和收益提供一个参照，并通过金融市场向商业银行的资金定价体系传导，倒逼商业银行向均衡的市场价格靠拢。虽然从目前来看，互联网金融行业的部分机构在规范上还有待加强，有时资金定价还较为模糊，不能有效地反映资金的市场价格，但是随着监管部门对互联网金融企业监管的纳入以及对其经营行为的规范，互联网金融行业会逐渐进入理性发展阶段，价格机制也会逐步理顺。在我国利率市场化的推进过程中，其较为市场化的定价方式有可能为商业银行的资金价格向市场化过渡起到积极的推动作用。

5. 加速金融脱媒，重构银行格局。

互联网金融的发展打破了原有的银行业格局，从支付和融资两个渠道加速金融脱媒。在支付方面，网络支付、移动支付、微博支付、微信支付等各种新兴支付方式创新不断，层出不穷，应用场景不断增多，其高效、便捷的应用体验逐渐被广大消费者接受，渗透到了日常生活的各种支付应用中，绕开了商业银行这个传统的支付主体，弱化了商业银行的支付角色。在融资方面，在我国以间接融资为主的金融市场结构中，商业银行一直扮演着主导角色。互联网金融的发展为市场提供了一种全新的融资模式，依托交易平台，金融消费者可以高度自由、高度自主地实现资金的交付与获取。随着这种交易规模的持续放大，互联网金融的融资模式会在一定程度上对银行形成替代。虽然在短期内，这种融资模式所形成的规模与银行相比相差甚远，但从国际经验看，这种融资模式有着强烈的需求和巨大的市场。美国、英国等国家的 P2P 网贷平台近年来高速增长，在金融体系中的重要性不断增加。可见，从长期看，互联网金融的发展会以全新的融资模式给银行带来冲击和挑战。

6. 推动银行向轻型银行的转型。

当前，受宏观经济下行的影响，市场对信贷需求不足，银行业信贷投放减少，风险加大，同时，在资本充足率等因素的影响下，银行业对资本高度重视。为此，向轻型银行转型，通过对风险加权资产的合理调控，更好地释放资本空间，缓冲资本压力，提升流动性能力是众多银行的主要发展方向之一。其中，支付结算业务、供应链业务、资产托管、私人银行业、投资银行、交易型银行等业务是轻型银行的重要载体。互联网金融在上述方面当前都有所涉及，与上述传统业务相结合，通过网络平台的应用，将上述业务以现代化方式经营，提高了效率、扩大了覆盖面，将上述轻型银行业务变得"更轻"，符合了银行转型的需要。例如，手机银行业务在互联网大潮的推动下已经成为商业银行的主打产品，各家银行在手机银行业务的开发和推广上可以说是不遗余力，一些银行如招商银行、宁波银行等近期还推出了手机银行全免手续费的做法，在很大程度上促进了轻型银行的发展。

（三）　互联网金融对证券业的影响

随着互联网金融的发展，证券行业也呈现了线下业务向线上业务迁移的进程，大批券商开始布局互联网金融业务，虽然与银行相比，证券行业线上业务开展的规模还相对较小，但从趋势上看，布局线上业务已经成为各家券商提升未来竞争力的重要着力点之一。

1. 互联网金融促进券商行业大规模布局线上业务。

借助互联网金融的大潮，各家券商都开始积极布局线上业务，加大资源配置，通过线上开户、线上支付等业务，积极与流量平台对接引流，通过各种途径切入互联网金融业务。截至 2015 年 3 月，已经获得互联网证券业务资格试点名单的券商达到 55 家，占到证券行业的比例接近 50%。通过目前情况看，能够把自身资源与互联网金融业务有效结合的券商在线上化的大潮中能够取得更好的效果和竞争力。一些小型券商为了实现弯道超车，更加注重对互联网金融业务的拓展，充分体现自身特色，也取得了一定效果。

表 4-1   已获互联网证券业务资格试点的名单

时间	获批数（家）	获批名单
2014 年 4 月 4 日	6	中信证券、国泰君安、平安证券、长城证券、华创证券、银河证券

时间	获批数 （家）	获批名单
2014 年 9 月 19 日	8	广发证券、海通证券、申银万国、中信建投、国信证券、兴业证券、华泰证券、万联证券
2014 年 11 月 24 日	10	财富证券、财通证券、德邦证券、东海证券、方正证券、国金证券、国元证券、长江证券、招商证券、浙商证券
2014 年 12 月 26 日	11	华宝证券、东方证券、南京证券、西南证券、中原证券、齐鲁证券、安信证券、华林证券、东兴证券、第一创业证券、太平洋证券
2015 年 3 月 2 日	20	财达证券、东莞证券、东吴证券、国海证券、国联证券、恒泰证券、华安证券、华龙证券、华融证券、民生证券、山西证券、世纪证券、天风证券、西藏同信证券、湘财证券、银泰证券、中国国际金融有限公司、中国中投证券、中山证券、中邮证券

2. 促进券商线上经纪业务的开展，大幅降低手续费。

互联网金融的发展，使券商线上开户、线上交易成为可能，各类券商纷纷以更低的佣金吸引客户。如国金证券在 2014 年 2 月推出佣金宝产品，在佣金费率上大幅低于线下开户，只有万二，比线下开户的佣金从万八到万十五下降了很多。华泰证券利用互联网业务采用了"万三开户"的策略，国元证券、中山证券等也分别推出了互联网产品，通过线上开户降低佣金。从这些券商的实践效果看，取得了不错的效果，在线上开户业务的前期基本能够取得大幅增长。以国金证券的佣金宝为例，通过国金证券上海西藏中路营业部，我们可以看到，在线上开户业务初期，人气大增，线上开户数量增幅很快，虽然后期有所下降，但整体而言，线上开户的比重还处于持续增长态势。

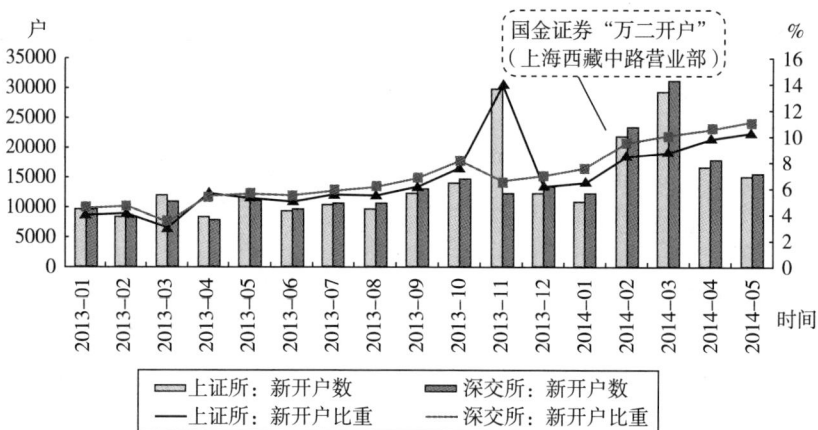

资料来源：王松柏、童楠：《证券行业互联网金融发展模式选择》，载《中国证券》，2014（9）。

图 4 - 1　国金证券网上海西藏中路营业部线上开户数量变动情况

3. 促进券商积极与互联网平台对接，加大客户黏性和流量导入。

互联网金融的大潮使各家证券公司敏锐感觉到各类互联网平台上聚集的大量客户是其可进行客户拓展的重点方向之一。为此，各家券商积极与互联网平台对接，引入线上客流，积极发展为自身客户。例如，国金证券与腾讯合作，将腾讯网的流量引入证券；金证股份与腾讯合作，通过 QQ 即使通信平台为券商提供"企业 QQ 证券理财平台"，打造集开户、交易、营销等各类证券服务一体化的平台，通过这项服务，中山证券实现了与 QQ 腾讯平台的 8 亿开户的对接。中山证券还利用这个平台创新两融业务，上线了融新通、融易通、融商通等资本中介产品，分别对应打新、场内交易、周转类业务，取得了良好的效果。

4. 推动券商线上账户的创新开展，转向综合型服务平台。

一些大型券商如国泰君安通过创新账户功能切入互联网金融业务。长期以来，券商资金由银行托管的事实导致了其账户割裂的现状，在这种割裂的情况下，客户资金的支付功能一直无法应用，保证金也因此难以有效激活。国泰君安通过账户创新客户资金的各种应用得以有效激活，其主要思路是，创设"君弘一户通"，与人民银行的大额支付系统进行连接，通过这个账户将客户的证券资金、期货资金、信用资金、资产管理等各类账户进行统一管理。这种集中管理模式可以将账户的各种应用有效激活，日常的支付功能、资金汇划功能都可以通过这个"君弘一户通"实现，实际上就实现了很多银行功能，如存汇功能。客户通过这个账户可以实现汇款、储蓄、理财等多项业务，极大地便利了消费者在证券账户中的应用。

（四）　互联网金融对保险业的影响

1. 扩大保险业市场规模，有利于实现规模效应。

保险业是金融行业的重要组成部分，近年来，我国保险业一直呈现着高速发展的态势。当前，保险业与互联网金融的相结合，催化了新的市场需求，市场蛋糕被极度放大。一方面，互联网金融本身的发展内生性创造出对保险业的新的市场需求。如消费者网络支付过程中的信用保险、电商购物中的退货运输损失险、P2P 网贷过程中的借款人履约保证保险等，还有一些网络理财等也伴随着新的保险需求的出现，由此可见，互联网金融演绎出了许多新兴业务模式，也创造出了多种保险需求，推动了保险行业市场需求的扩大。另一方面，互联网保险的出现极大提升了保险行业的获客能力。传统保险业务的开展主要是线下推销与推广，效率低，覆盖面有限。互联网保险的出现使这种情形出现了根本的变化，通过网络平台、APP、微信、微博等社交网络、移动网络都可以拓展消费者，服务成本大幅下降，购买保险的门槛被大幅降低，长尾需求被有效纳入并开发出来，大数法则在保险领域得到了较好的应用，规模效应得以有效实现，保险业边界得到拓展，市场蛋糕在不断变大。

2. 改变保险产品创方式，创新保险产品形态。

在互联网保险形态下，通过大数据的挖掘和分析，保险公司可以根据客户的消费习惯、消费偏好、社会特征、客户个性、财务状况、信用等级等，设计出不同费率、极具个性化的保险产品和服务，提高产品设计的针对性，满足各类消费者的多元化需求。在这种模式下，保险产品刻板的研发方式被打破，对客户的反应大幅提升，交互式研发成为主要方向，新产品的研发流程、环节和链条大幅缩短，产品的生产及生命周期更加互联网化，创新的灵活性及客户的体验大幅增强。同时，保险产品的形态更加网络化、电子化，形成线下向线上迁移的形态。总之，通过对大数据的综合分析和运用，现代网络信息技术可以快速转化为生产力，形成新的产品研发方式和产品创新形态，与前端市场高度对接，满足市场需求。

3. 创新保险业的营销渠道，重塑保险业的营销模式。

互联网金融推动了保险营销渠道和模式的重新调整。在互联网的驱动下，保险业营销渠道和体系被重构，互联网营销的新时代已经到来。第一，线上营销、移动营销逐渐成为主打方向。互联网时代，传统保险产品线下营销渠道逐渐被线上营销、移动营销加速替代。网上直销、线上代销，构建 APP 平台等成为重要的销售渠道，互联网基因在保险业中的作用日益突出。第二，线上流量、端口、数据等资源被加速重整。互联网的重要特征是具有大量的线上入口、流量优势、数据记录等，对保险业而言，这些资源能够被重新整合并运用到保险业中。一些电商巨头、IT 巨头凭借上述流量、客户、端口、数据等优势正在加速与保险业对接。但电商企业、IT 企业等经营方式与传统企业有着很大的差异和区别，因此，要想将电商企业、IT 企业这些资源运用到保险行业中，必须重新构建适应电商企业、IT 企业的营销渠道。第三，去中介化及信息不对称的解决有利于提升保险销售的顺畅度。传统保险销售中，保险公司与客户之间存在着较强的信息不对称性，消费者处于信息弱势地位，导致保险销售中存在着关卡和阻碍。但在互联网保险下，形成了去中介化态势，信息不对称被消除，客户对产品了解得更多，也有了更多的自主选择权，隔阂被消除，形成了高度顺畅的营销体系，大幅提高了营销效率。

4. 改变保险业定价体系，形成新的定价机制。

传统保险有传统保险的定价方式，互联网企业有互联网的定价机制。保险业也不例外，在与互联网充分结合后，互联网保险也衍生出了新的定价机制。首先，互联网保险创造新的风险定价机制。互联网保险可以利用大数据业务对风险进行细分，为风险定价提供更为精确的支持，形成新的风险定价机制。其次，互联网保险根据差异化产品可以采取不同定价方式。在互联网保险下，新的产品不断涌现，定制化产品、差异化产品有其特有的定价方式和定价体系，不同的客户对各类互联网保险产品的需求不同、偏好不同，因此，反映在价格上，定价机制也不尽相同。再者，互联网保险促进市场化定价机制的形成。互联网保险是在传统保险之外诞生出来的，经营方式更为灵活，创新方式更为迅速，定价方式更为精确，与线下保险业相比，定价也更为灵活，自主空间较大，对促进保险业市场化定价方式的形成有着很大的促进作用。

五、 互联网金融破解小微企业融资难题的机理分析

（一） "麦克米伦缺口" 与我国小微企业的融资难题

"麦克米伦缺口"是 20 世纪 30 年代英国金融产业委员会在《麦克米伦报告》中提出的一个概念，其主要含义是指中小企业在发展过程中存在着资金需求上的供给缺口，受多重因素影响，资金的供给方不愿意以中小企业所要求的条件提供资金。当前，我国中小企业存在着明显的融资难、融资贵问题，"麦克米伦缺口"这一难题较为突出，已经成为影响中小企业发展壮大的硬性金融约束条件。一是小微企业融资难。由于小微企业经营能力有限、规模小，信用机制不健全，经营风险较高，缺乏与融资需求相应的抵押品等因素，难以满足银行的贷款条件。因此，依靠传统的金融体系，小微企业的融资渠道有限，难以获得有效的贷款。二是小微企业融资贵。相关数据显示，中小民营企业可获得的融资成本保守估计也在 12% 以上。虽然政府对小微企业的融资问题高度重视，通过多种渠道努力加以缓解，但小微企业的融资难题以及实体经济缺血问题仍没有从根本上解决。当前，我国中小企业创造的最终产品和服务价值相当于国内生产总值（GDP）总量的 60%，纳税占国家税收总额的 50%，完成了 65% 的发明专利和 80% 以上的新产品开发。在小微企业的地位越发重要的趋势下，如不能合理解决小微企业的融资难题，势必影响到居民就业以及经济增长的潜能。

（二）小微企业融资难题的现状和原因

小微企业融资难、融资贵问题是近年来困扰我国经济发展的重要因素之一，国家多种政策都在有针对性地解决小微企业融资难题。从现状看，一方面，小微企业融资渠道少，可获得资金的途径有限；另一方面，小微企业融资贵，与大企业相比，利用资金的成本大幅增加。目前我国部分地区小微企业的融资成本高达20%，甚至更高，而大型国企的资金成本只有6%~7%，两者相差约13个百分点。从理论上讲，小微企业融资难、融资贵是由多种因素叠加形成的，综合当前相关研究文献，小微企业融资难的形成原因主要有以下几个方面。

1. 金融抑制促进资金主要投向了大型国有企业和地方政府，对小微企业投放不足。改革开放以来，从我国的要素禀赋和比较优势看，劳动力供给充足且成本低廉，资金成本高昂且数量匮乏。在有限的金融资源下实施优先发展工业的赶超战略，不得不实施以压低资金利率为目标的金融政策，在以银行为主导的间接融资机制下，通过有限的渠道将资金主要投向了国有企业，小微企业难以从银行获得廉价充足的贷款。

2. 银行经营理念和机制与小微企业经营方式存在着错配。我国目前的金融体系中仍是以银行为主导的间接融资体系，在银行经营机制中，规模、速度和利润是其主要考核目标，因此，大企业是其资金投放的首选，对小微企业的重视程度自然不足。同时，由于银行对风险的管控要求非常高，小微企业的风险控制能力、信用担保机制、财务指标等都不健全，很难满足银行的贷款流程要求和标准，也难以达到银行所要求的风控水平，影响了从银行获得贷款的能力。

3. 小微企业自身的弱点增加了贷款难度。小微企业规模小且实力有限，小范围经营，不确定性较大，对其前景的判断难度较大；财务制度不健全、不规范，难以真实地反映财务状况；抵押品缺乏，且流动性不足，偿债能力也有限；资金需求小但频率高，融资机制复杂。这些因素导致银行对小微企业的贷款颇为谨慎。

4. 小微企业的生命周期和贷款模式提高了风险溢价和交易成本。一方面，小微企业生命周期短，迭代更新快，死亡率也较高，在银行给其贷款过程中自然要将这些因素考虑进去，因此，高风险溢价提高了资金成本。另一方面，小微企业不健全、不透明财务信息促使交易成本提高。再者，小微企业高频率、规模小的贷款方式，抬高了分摊到每一元贷款上的交易成本。上述因素的综合，导致了小微企业融资贵的现状。

（三）互联网金融破解 "麦克米伦缺口"、改善小微企业融资难题的思路

以 P2P 为主体的互联网金融是近两年来金融体系内发展最快的领域之一，从其商业模式和业务特点来看，有着服务小微金融的先天优势和要素禀赋，可以有效弥补传统金融的不足，在小微企业融资中能够发挥根本作用。

1. 互联网金融通过平台优势，为小微企业提供覆盖广、成本小、门槛低、流程短、互动强、灵活度高的贷款产品，与中小企业的融资需求直接对接。

互联网的金融主体是 P2P，其贷款服务与银行等传统金融机构相比具有较强的优势，摆脱了物理网点、营业时间的约束，通过网络平台大范围拓展金融服务的边界，以极低的成本把服务延伸到任何需要的地方及主体，广泛覆盖需求。在客户选择上主要以小微企业为主，贷款门槛低，自由度高，且贷款的流程简单、手续简化，中间环节费用大幅降低。通过网络平台，资金的供需双方接触的频次和宽度大幅增加，深度互动，可以针对小微企业融资需求及时进行

产品的设计与调整，产品周期大幅缩短。贷款服务直接而迅速，是一种点对点、时对时、批量的贷款服务，更为适合小微企业的融资需求。

2. 互联网金融的本质是碎片化的资金归集与碎片化的资金供给，契合小微企业融资核心，可以有效拓展小微企业融资渠道，提高资金可得性，向实体经济输血。

互联网金融汇集的是碎片化资金及储蓄，在贷款上也是一种碎片化资金供给，与小微企业的融资需求的匹配度很高。虽然目前 P2P 等互联网金融机构的贷款利率还较高，但与银行等传统金融机构相比，至少贷款渠道得到了畅通，小微企业根据自身的需求可以在承受的范围内获得资金来源。从国外经验看，P2P 网贷平台的主要贷款目标是小微企业，如英国的 Funding Circle 公司从2010 年 8 月诞生起，就专注于小微企业贷款，贷款额度为 5000～100 万英镑。2013 年 7 月，英国的 Zopa 公司也开始为小微企业提供商业贷款。美国的 Lending Club 公司从 2014 年 3 月开始提供小微贷款业务，额度在 1.5 万美元到 10万美元，期限主要是 5 年以内，为小微企业提供了便利的融资渠道。

3. 互联网金融充分利用大数据弥补小微企业信用不足的缺陷。

小微企业的信用评估体系不健全是影响其获得贷款的一项关键因素。互联网金融对大数据的高度利用可以弥补小微企业信用机制的不足，通过对触网小微企业的身份信息、交易信息、社交信息等海量数据的有效记录和抓取，对其真实交易需求、历史交易数据和关联数据进行深度挖掘和处理，形成有效的信用评估体系，做好信用风险的定价和信用风险的控制，对小微企业进行精准的信息甄别、风险判断、资金定价、贷后风险管理等，形成一种低成本、高效率的信用解决手段。虽然银行也对小微企业的信息进行了一定的记录，但银行对小微企业的数据较为割裂，形如孤岛，不能与小微企业深度融合，无法构建有价值的信用链条。因此，互联网金融能够有效解决小微企业的信用评估难题。

4. 互联网金融通过竞争机制和渗透机制倒逼银行等传统金融机构向小微企业融资倾斜。

互联网金融的出现正在不断倒逼着银行将更多的资源向小微企业倾斜。一是竞争机制的推动。互联网金融以小微企业和个体消费者为切入点，短时间内就取得了一席之地，与银行相比，将大额贷款的被动化成小额贷款的主动，将大客户的劣势化成中小企业的优势，并不断提升市场占有率，表现出了强劲的市场竞争力和比较优势。在市场蛋糕重新划分的过程中，互联网金融的"鲇鱼效应"倒逼银行不断向小微企业倾斜。二是渗透机制。互联网金融的发展促使银行在经营模式、业务方式上向互联网金融靠拢，纷纷成立类 P2P 平台、电商网站等，并充分利用这些平台将金融资源向小微企业灌入，服务实体经济。

5. 互联网金融推动金融体系重构与金融市场重组，构建有利于小微企业成长的组织形态和金融体系。

小微企业的融资需求一直是金融市场的薄弱之处，从银行角度而言，由于无法找到既能够满足其风控及资本要求，又能够有效向小微企业贷款的商业模式，顾此失彼现象较为严重，造成了金融资源的错配。互联网金融开启了一种专门针对小微金融服务的全新的商业模式，在金融体系中植入了小微企业的资金供给者与需求者双赢的基因，金融市场的风险点与需求点也开始重新组合，生态体系得以重构。在这种生态体系和市场结构下，让金融机构发现小微企业是一块极大的市场蛋糕，甚至是未来金融的主打方向和盈利的主要领域。为此，金融业迎来突变和拐点，服务小微企业的替代性金融开始受到广泛重视和青睐。

六、 互联网金融有效监管原则探讨

当前，互联网金融作为一种新型金融形态受到业界的广泛关注。互联网金融在深化金融改革、缓解小微企业融资难题、为消费者提供多样化的金融产品服务以及多元化的财富增值渠道的同时，也给监管带来了挑战。鉴于互联网金融在商业模式、运行模式、业务形态、风险防范点等方面都与传统金融表现出了较大的差异性，监管思路、方式、方法也应有所区别。如何对互联网金融进行有效监管，提升监管效能，是一个值得有益探讨的话题。本文在深入剖析互联网金融发展特性的基础上，提出了互联网金融有效监管的原则。

（一） 规则监管与原则监管

在监管原则的设定上，传统金融监管中主要有规则监管和原则监管两种方式。规则是对特定监管事项，以具体权利和义务为内容的监管规范，原则不规定具体的权利和义务，而是通过公平、合理、适当等定性的标准来约束金融机构的经营活动（刘铁，2009）。两种监管方式在具体的金融监管行为中表现出了较大的差异性，其中，规则监管强调监管的精确性和严格执行度，注重运行过程的监管，具有很强的刚性，但柔性不足，监管的灵活性不强。原则监管采用"和风细雨"式的监管方法，使用重要的原则和指引，同业界保持紧密的沟通，能够应对金融市场日益发展的金融创新，使监管者能够根据金融市场参与者的经营和风险管理水平，动态地调整监管要求（廖岷，2009），在监管目标上，更注重结果。在对待传统金融的监管上，不同的国家对原则监管和规则监管各有偏好，如英国更注重原则监管，而美国更注重规则监管。而在对待互联网金融这样的新兴金融的监管上，规则监管与原则监管孰优孰劣，目前还没有足够的观察期。但从互联网金融的商业模式、运行载体、内源动力、业务形态和发展特点等方面看，对互联网金融的监管采用原则监管方式可能更为有效。

首先，互联网金融是创新的产物，在其发展过程中需要在监管政策上给予更多的包容和创新的呵护。如果创新停滞了，互联网金融与传统金融的竞争优势也就不复存在，没有了发展的动力源泉，这个产业的前景也就会逐渐黯淡。其次，互联网金融是一种新兴金融形态，目前我们所能看到的可能只是互联网金融发展历程中的冰山一角，在信息技术和网络技术的推动下，未来，可能更多的基于互联网的金融模式、金融产品、金融生态或更有效更有价值的金融产物会孕育而生，金融的边界也可能做得更大，在这样一个未知终点的金融业务面前，对其尽管应该更具弹性和灵活性，注重培育和支持。互联网金融的目前状态，还处于一种摸着石头过河的发展阶段，监管政策过于刚性不好把握互联网金融的发展规律。最后，互联网金融注重自主、共享和开放，在监管政策上需要同步跟进。互联网金融依托网络平台开展金融业务，其自主、共享和开放性特征已经被业界普遍认同，如果在监管政策上采取规则监管，过于侧重过程，一方面可能会影响到互联网金融的平台开放特性，约束其产品的创新和形态的扩展，另一方面，监管成本也会很高，在时刻动态发展的互联网金融面前，监管政策需要不断演进和不停跟进才能跟上互联网金融发展的步伐，这会给监管部门带来较大困难。因此，在对互联网金融的监管上可以更多地采用原则监管导向。从目前我国监管部门对互联网金融的监管态度来看，如红线监管原则、底线监管原则、禁区原则、适度监管、分类监管、协同监管、创新监管等基本与原则监管的思路一致。可以说，互联网金融已经成为我国金融业原则监管的试验田。在这种理念下，互联网金融的发展将创造更多的可能，许多传统金融难以做到的金融服务都可以由互联网金融去创新尝试、去补充，形成传统金融与新金融相互补充、相互促进的局面。

（二）　机构监管与功能监管

机构监管与功能监管是金融监管领域的两种重要监管模式。机构监管主要是针对金融分业经营下的监管，功能监管主要是针对金融混业经营下的监管。机构监管主要注重金融风险的防范和监管成本的降低，功能监管主要注重金融业跨产品、跨机构、跨市场的协调以及金融创新和金融市场效率的提升。目前，我国对银行、证券、保险的监管主要是以分业监管为主。随着互联网金融的发展，及其有别于传统金融的运行模式，采用什么样的监管框架更为有效值得探究。从互联网金融的内涵上看，金融服务的本质和目的与传统金融并无显著区别，都是服务于经济交易、资金需求和经济发展，但从形态上看，互联网金融是对传统金融业务的拆分、细分和延伸，通过网络平台使金融业务更加专业化、智能化、自主化和丰富化，符合要素禀赋优势和产业分工趋势。但其网络平台运行的模式给金融监管带来了较大的挑战，存在着与原有监管框架难以有效兼容的问题。当前，我国对互联网金融的监管主要是根据业务特性和内容进行划分，分别划归到一行三会之中，以机构监管为主。但从发展趋势上看，互联网金融平台有向多元化发展的迹象，创新不断加快，金融功能不断加载，综合金融服务平台雏形初现，"网上金融超市"成为了许多互联网金融主体追求的目标。在这种趋势面前，单一的机构监管无论在监管效率还是在监管效能上都可能下降。因此，在未来互联网金融的发展中，功能监管将逐渐突出。根据我国现有监管框架及互联网金融的业务特性，我们认为针对互联网金融业务，可以设计出一种"以功能监管为主导的机构型监管模式"较为适合。具体来说，互联网金融的机构监管主体主要是"管准入、管法人、管资金、管内控、管信息、管退出"，而互联网金融的具体业务种类和经营内容则分别由对应的监管部门来监管，比如，互联网金融平台上开展的支付类业务由中国人民银行来监管，平台上开展的融资信贷类业务由银监会来监管，代销基金及货币型基金类业务由证监会来监管，保险业务由保监会监管，同时加强监管部门之间的协调，避免监管真空和监管套利。在进程设定上，前期主要是摸索阶段，随着互联网金融平台业务的多元化及领域的拓展，逐步丰富功能监管的内容，在稳健发展中提高互联网金融的监管效率。

（三） 宏观审慎监管与微观审慎监管

2008 年国际金融危机爆发后，宏观审慎监管引起了金融界的高度重视。宏观审慎监管主要关注两个方面的问题，第一个方面是关注金融机构的 "大到不能倒或太关联而不能倒" 问题，第二个方面是关注金融体系的顺周期性问题。金融机构 "大而不倒" 会给金融体系带来较强的系统性风险，金融系统的顺周期性会加剧经济形势的波动。鉴于宏观审慎监管的重要性，国际金融危机后，世界各国在监管框架和体系的设计上都从单一的微观审慎监管转向宏观审慎与微观审慎并重的原则。但从监管框架上看，宏观审慎和微观审慎主要是以银行为基础进行设计。随着互联网金融的快速发展及其在金融体系中地位作用的不断增强，如何对互联网金融进行宏观审慎与微观审慎相结合的监管制的进一步探讨。在微观审慎方面，主要是针对互联网金融机构的个体稳定进行监管。从当前互联网金融的组成主体来看，第三方支付机构、互联网理财、P2P、网络银行等几个部分中，监管部门对第三方支付机构的微观审慎监管相对较为成熟，如对支付机构的业务开展及备付金等方面制定了相应的监管政策，而互联网理财、P2P、网络银行等互联网金融业态由于发展时间短，在微观审慎监管上还有待进一步健全和完善，但从难度上看，微观审慎监管只要根据各类互联网金融的业务形态和业务内容制定相应的监管措施及指标即可，可操作性也会比较强。

我们这里重点讨论的是互联网金融是否应该纳入宏观审慎监管范畴。互联网金融作为一种新兴金融业务，网络化、平台化特征比较明显，与银行、证券等传统金融在业务形态、商业模式、运转机制上都存在着较大的差别，似乎与宏观审慎监管的范畴离得较远，但如果从宏观审慎监管的内涵和本质出发去考察互联网金融的话，则在纳入宏观审慎监管上有着较强的必要性。

首先，从系统重要性来看，部分互联网金融主体已经具备了系统重要性支付机构特征。随着互联网金融规模的扩大，一些大型支付机构和互联网理财机构体量已经相当庞大，并且其借助网络平台占有客户群体和市场规模的发展速度惊人，甚至在某型业务领域中已经处于金融产业链条的前端和前台，对银行、证券、保险等都有着很强的逆向影响。这类互联网金融机构依托互联网效应与银行、证券、保险、基金等金融机构主体广泛对接和渗透，并且对于这种新型金融形态，风险分散、风险对冲、风险转移、风险规避等机制还相对不成熟，其流动性风险、市场风险、信用风险等都不可小觑，一旦发生困境或危机，很可能会给整个金融体系带来较大的影响。

其次，从顺周期性来看，互联网金融同样存在着宏观审慎监管的必要性。虽然到目前为止，互联网金融发展的时间序列还较短，没有经历一个完整的经济周期，探讨其顺周期性特征可能为时尚早，但经过与银行的顺周期性特征进行对比，我们认为互联网金融在与宏观经济的活动上也将表现出顺周期性。银行是通过信贷行为在经济繁荣期扩大放贷规模助推资产价格上涨，在经济衰退期通过惜贷行为而加速经济萧条，从而形成了顺周期性。虽然互联网金融的服务对象主要是小微企业、网商等群体，在资金投放上与银行存在较大差异，但在与经济的互动上并不会消除顺周期影响。由于互联网金融更多地依靠数据和线上评估提供贷款服务而较少的依靠抵押品，在经济繁荣时期，经济主体不论在生产、销售还是财务报表上，数据将非常亮丽，互联网金融主体自然会增加资金投入，而在经济下行周期，经济实体的各类数据也将随之萎缩，在缺乏吸引力的数据面前，互联网金融主体的资金投入也将减少，这种与经济的互动行为也将形成顺周期性。

上述分析表明，互联网金融纳入宏观审慎监管是必要的。在宏观审慎监管设计上，可采取分类对待的原则。对网络银行而言可效仿银行的宏观审慎监管模式，设定逆周期的资本缓冲机制和贷款损失拨备制度，随着网络银行规模的扩大，如果构成系统重要性，还可设定附加资本。对第三方支付机构和P2P而言，可将风险准备金动态化，融入逆周期因素，建立起平滑经济波动的逆周期的风险准备金机制。同时，为避免监管套利问题，建立部际监管联席会议或协调机制，促进监管对接。

（四）　政府监管与自律监管

政府作为金融监管的主体，是顶层框架和机制的设计者，是监管法律法规的制定者和执行者，通过强制效力对互联网金融进行监管。尤其是在互联网金融发展的初期，需要政府从全局上对互联网金融进行统筹规划和设计，确立监管理念和发展思路，制定法律法规等基础设施，并在市场准入上确立明确的标准。通过政府的权威性和强制性塑造起行业发展的基本秩序，这时政府的"积极干预"是必要的，尤其是在市场失灵时，通过政府的"有形之手"来进行合理调控、矫正失灵是市场所需要的。但由于政府失灵的存在，其监管有时也会带来低效，西方经济学给出了两个方面的原因，一是公共政策失误和政府部门的低效率，二是规制失灵。同时，监管的成本也是巨大的。从另外一个角度来讲，由于政府监管的严格性以及对风险的厌恶，也会给金融创新带来一定程度的约束。尤其是对互联网金融而言，创新是其发展的生命力，互联网金融对创新有着强大的需求。因此，当监管框架、理念、思路及政策法规建立起来后，应更多地通过自律来维护行业的发展，实现从强监管阶段到强自律阶段的过渡，通过自律的柔性、灵活性以及低成本特性来维护行业秩序、协调行业内部问题以及促进行业创新。从国际经验看，各类金融协会在促进金融业发展中起到了难以替代的作用。从国内发展看，在国家简政放权、加快社会组织改革的背景下，行业协会将承担起更多的社会治理职责。因此，充分发挥已经成立的中国互联网金融协会的作用，承担起更多的行业自律职能，形成与政府与市场的有效对接，对促进互联网金融的健康发展有着非常重要的意义。

七、 互联网金融发展存在的问题

互联网金融在高速发展的同时，也逐渐暴露了一些问题，如内控治理、同质竞争、收益率过高、破产跑路等问题，需要加强治理，更好地促进行业健康发展。

（一） 内控水平有待提升

互联网金融发展很快，创新很快，第三方支付、P2P、网络银行、互联网理财等互联网金融主体都是新生事物，业务在不断拓展，规模在不断扩张。在快速成长的过程中，由于没有经验可循，互联网金融机构的内控治理水平还存在着滞后的现象，与互联网金融行业快速增长的态势相比，成为限制和影响行业发展的短板。从行业的特殊性来看，一方面互联网金融行业融入了互联网的基因，同时又纳入了金融的因素，因此，其内控治理上与传统金融业有着很大的区别，需要创新性试验和探索。从互联网金融本身来看，网络化、大数据的管理模式虽然可以有效降低对冲需求，但并没有改变风险要素，在某些情况下，甚至对风险偏好更好。尤其是在行业发展初期，为了抢占客户，提升市场占有率，更容易放松对风险的管控。因此，在行业快速发展的同时，要对风险进行一个长期的考虑，只有把风控机制建立起来了，才会更好地促进行业稳定发展。对互联网金融这个行业而言，由于没有经历一个完整的经济周期，其风险情况还有待进一步观察，但不管怎样，建立起一个成熟的风控体系是应对各种风险的必备选择。

（二）　同质化竞争较为严重

大多数互联网金融机构处于高度同质竞争的状态，不管是第三方支付还是 P2P 网贷机构，从业务开展来看，除了市场领先企业具有较为明显的商业模式和盈利模式外，其余大多数企业跟风明显，定位不清晰，盈利不确定，未来发展前景也不是很明朗。还有的企业带有不良目的进入市场，不是本着长期发展的目的，而是打着赚一笔就走的想法。因此，互联网金融市场中鱼目混珠、良莠不齐。基于这样的行业生态，互联网金融行业在经历一个完整的产业周期和经济周期后，将有多少企业能够发展壮大，多少企业是昙花一现，还有待验证。

（三）　收益率有待回归理性

互联网金融企业对市场资金和客户资源有着激烈的争夺，在目前没有业务模式创新的情况下，主要以价格竞争为主，吸引资金的成本远远高于金融市场的均衡资金价格。以发展较快的互联网理财为例，年化收益率在 10% 左右的理财产品很多，甚至一些理财产品收益率高达 15% 以上，在一定程度上存在着过度宣传、夸大收益现象，给消费者的合法权益带来了一定程度的隐忧。再以 P2P 交易平台为例，同样存在着收益率过高的现象。同为一个行业，在投资回报率之间却存在着如此大的差异。对网贷平台而言，这种高企的投资回报率能否持续是一个较大的挑战，也是市场的忧虑所在。不可否认，高于正常水平的投资回报率偏离了金融的真实价值，是一种非理性的发展状态。当然，互联网理财和 P2P 平台等互联网金融的整体发展看，一些违规现象致使行业出现了逆向选择行为，显现出劣币驱逐良币的格局，影响了行业的正常发展秩序。

（四） 风险有所暴露

风险管控的好与坏是互联网金融能否健康发展的重要保证。由于 P2P 是互联网金融的组成主体，下面重点阐述 P2P 网贷机构的风险问题。

2014 年 8 月 28 日，据国内最老牌的 P2P 网贷平台深圳红岭创投电子商务有限公司披露因借款方广州纸业多家老板"失联"而深陷 1 亿元坏账的旋涡。这是 P2P 网贷行业有史以来最大的一笔坏账，问题的出现也给正在如火如荼地发展中的 P2P 网贷行业敲响了风险的警钟。一叶知秋，这只是 P2P 网贷行业风险的冰山一角。在 P2P 网贷行业逐渐承担起活跃金融市场，盘活闲置资金，丰富融资渠道，促进普惠金融，助力小微企业，服务实体经济以及重塑金融组织形态的关键时期，必须严把风险关口，促进其稳定发展。由于涉及百姓的资金财富，任何风险的扩散都可能给消费者带来巨大损失，也会使行业前期累积的发展大打折扣。

综合 P2P 当前发展情况，其风险主要聚集在破产跑路、自融及资金池、担保服务、资金托管、配资炒股等以下九个方面。

1. 破产跑路风险。

P2P 平台的破产跑路风险主要集中在以下几个方面。一是动机不纯，由于 P2P 平台是自下而上的草根金融，进入门槛低，这本是其优势，但却被不法分子利用，有的 P2P 平台鱼目混珠、滥竽充数，成立之时便是空壳公司，以骗取资金为目的，当达到一定程度的资金积累时，便一跑了之。二是风险失控，P2P 平台只顾吸引资金，忽视风险建设，对借款人的审核不严，存在较大程度的风险低估，当风险爆发，难以承受时，便弃平台而走。三是经济周期的因素，P2P 平台与其他金融服务一样，存在着较强的顺周期性，在经济情势较好时，平台呈现繁荣的现状，一旦经济处于下行周期，许多 P2P 平台可能面临着破产倒闭的窘境。

2. 自融及资金池风险。

在自融行为中，P2P 平台的资金并没有流向真实的投资标的及借款人，而是用于自己的其他企业、其他用途或其他资金关联方。在资金池行为中，资金供给方与资金需求方并没有一一对应，而是投资人的钱进入 P2P 平台的资金池中，再通过 P2P 平台贷款给借款人，在资金池模式下，资金的期限不透明、流向不透明，存在着较为严重的期限错配风险。

3. 担保服务有名无实。

目前，主要包括自保和他保两种模式。在自保模式中，P2P 平台利用自有资金为投资人做出收益率及资金安全等担保承诺，自身承担信用风险和流动性风险，一旦遇到突发事件，平台承担巨额坏账及偿还风险。在他保模式中，P2P 平台与其他担保公司合作，由第三方担保公司为投资人承提供担保服务，这本无可厚非，但现状却是很多 P2P 平台寻求合作的第三方担保公司只是一个空壳，担保能力缺失或很弱，名不副实，形同虚设，风险并不能有效转移、分散或缓释。

4. 资金托管误导消费者。

为提高投资人信心，许多 P2P 平台都宣称有资金托管服务，但现实却是大相径庭。主要表现在以下三个方面，一是以存管代替托管。模糊存管与托管的区别，宣称有商业银行为其进行资金托管，但事实上却是资金存管，风险并未有效隔离。二是虚假宣传。宣称有第三方资金托管，但却并不明示资金托管方，有蒙混诱导消费者之嫌。三是混淆视听，将与第三方支付的合作包装成第三方资金托管方。

5. 高收益率陷阱。

高收益率是 P2P 行业吸引客户的杀手锏，但却给市场带来了很大的不利影响，其不良后果主要表现在以下三个方面。一是P2P平台通过畸高收益率来吸引资金，促成市场恶性竞争，个体竞争引致群体紊乱。二是风险溢价不合理，改善小微企业融资贵受阻。三是高收益率导致P2P平台和借款人承担了巨大的还款压力，容易引发跑路行为，从行业发展的现实情况看，大多数跑路平台的收益率都在20%以上。

6. 涉足地产风险。

这主要有两个方面，一是房地产企业利用P2P平台进行融资。在难以从银行获得有效贷款的情况下，房地产企业转向P2P平台，利用这条渠道向投资人融资，是一种变相的自融行为，安全性与合规性存疑。二是房地产企业通过P2P平台放贷。为促成交易，增加交易量，方便没有购房能力的消费者具备购房能力，房地产企业通过先行垫付的形式利用P2P平台为购房者提供首付，具有明显的企业放贷性质，只不过是由直接放贷变成间接放贷，是否合理，值得商榷。

7. 风险备用金挪用风险。

风险备用金的运作方式是，P2P平台在每笔借款成交时，提取一定比例的金额放入"风险备用金账户"，用于应对违约等风险事件的发生。但在缺乏监督的情况下，P2P平台自身建立的风险备用金存在着较大的资金挪用风险，难以承担起真正的功能。

8. 配资炒股风险。

2015年，随着股票市场的繁荣，一些P2P平台开始涉足股市，通过配资炒股的方式进一步拓展平台业务，具体内容是，借款人在P2P平台开设账户，自己放入一定本金，以此为依托，向投资人借入一定比例的资金，自有资金与借入的资金比例一般为1:5~1:10，5万元的自有资金就可以借到25万元到50万元的资金，然后，将这些资金用作炒股之用，通过杠杆效应提高炒股资金的使用规模。这种机制放大了借款人炒股资金的交易量，但也蕴含了巨大的风险，在平仓交易机制下，存在着爆仓的风险，给投资人的资金带来了危险。

9. 投资于大额标的及夕阳产业。

P2P 平台投资于大额标的，造成贷款集中度过高，风险无法分散，一旦某个项目出现问题，P2P 就面临着巨大的坏账风险，红岭创投就是如此。从 P2P 平台的起源看，大额标的本是银行的业务，P2P 平台进入这个领域，脱离了服务于个体消费者和小微企业的初衷，也背离了与银行形成互补机制的金融体系。此外，在我国当前正处于产业结构升级换代的转折点，一些夕阳产业，如钢铁煤炭等不适合 P2P 平台的投资标的，P2P 平台还难以有效地控制这些领域的风险，需要重点关注。

八、 促进互联网金融健康发展的政策建议

（一） 监管方面的政策建议

1. 建立适应互联网金融发展的监管体系。

互联网金融创新强、发展快且时间较短，在给社会民生和经济发展带来较强的正向溢出效应的同时，也面临着风险逐步暴露的问题。尤其是互联网金融叠加了互联网和金融的双重风险，并且链条长、风险点多，对其安全问题更应重视，并且随着互联网金融主体的发展和壮大，一些机构也初步具备了系统重要性金融机构的特征，流动性风险、兑付风险、信用风险、市场风险等同样需要关注。因此，建立有效的监管体系是保证互联网金融健康发展的基础。由于互联网金融在运行特点和经营方式上与传统金融有着较强的差异，这也给互联网金融监管体系的构建带来了一定的难度，如果管得太多，则可能限制了互联网金融的创新本性；如果管得太少，则风险问题、消费者权益保护问题同样存在隐忧。根据互联网金融发展特性，我们认为应该从以下几个方面着手，第一，明确对互联网金融的监管思路，处理好规则监管与原则监管、机构监管与功能监管、宏观审慎监管与微观审慎监管、政府监管与自律监管等这几个方面的关系。第二，在明确监管主体的基础上，建立监管的联席会议制度。由于互联网金融业务领域比较多，目前在监管设计上由一行三会分别监管，如目前第三方支付机构由人民银行监管，P2P由银监会监管，众筹则主要是证监会在管理，这种分散管理的局面容易出现监管套利问题，因此，建立联席会议制度有

利于更好地防范互联网金融风险。第三，在监管制度上，与银行相同的风险防控可以直接嫁接银行的监管政策，与银行差异较大的地方则重新设计，保证互联网金融的创新属性，多方着手，建立起适应互联网金融发展的监管体系。

2. 建立完善的信息披露机制及征信服务机制。

信息和数据是互联网金融发展的核心，为促进互联网金融更好的发展，与之相配套的信息披露机制和征信服务机制尤为必要。充分发挥市场的约束作用，通过信息披露机制提高平台的稳健性。信息披露内容主要包括以下几个方面：一是借款方的信息披露，包括借款企业和个人的信用资质、负债情况、财务状况、资金使用情况等。二是平台的运营信息披露，包括财务状况、经营状况、逾期率、坏账率、拨备覆盖率等。三是平台关联方信息披露，包括资金托管机构、担保合作机构、风险备用金情况等。通过完善的信息披露设计，为投资人提供理性的判断。征信服务机制是互联网金融发展的另一核心基础设施。在海量数据面前，征信尤为重要，建立起适应互联网金融发展的网络征信服务体系，以海量数据刻画信用轨迹，描述综合信用度，判断可信程度，开展社交往来、授予机会以及预测信用交易风险和偿还能力①，为互联网金融的发展提供更好的支撑。随着信息披露机制的完善和征信服务机制等基础设施的健全，互联网金融的发展潜力被深度挖掘，潜在功能和服务能力被充分激发，将会更好地服务社会民生和经济发展。

（二）　服务小微企业方面的政策建议

1. 加强规范，注重引导，营造有利于服务小微企业的良好环境。

在确立监管主体的基础上，尽快推动相关法律法规的出台，明确市场准入和监管原则，加强市场秩序、风险防范的维护。对 P2P 跑路行为进行严格监

---

①　吴晶妹：《网络信用服务的时代已经到来》，载《阿里商业评论》，2015 年 1 月。

管，通过政府监管和市场出清两条线淘汰不合格的 P2P 网贷平台，树立行业威信和市场信心。通过约束机制、激励机制引导 P2P 等互联网金融平台全方位服务小微企业，营造良好氛围。

2. 明确互联网金融服务小微企业和实体经济的定位。

互联网金融是在银行等传统金融机构服务空白或不足的领域发展起来的，从其业务领域和机构性质来看，服务小微企业和消费者多样化需求是其独特优势。在业务标准上，不论是在资产端，还是在负债端，互联网金融都应坚持小额分散的原则，明确小额量化标准。要明确互联网金融的这种特性，防止其随着业务领域的增多和规模的扩大而脱离服务小微企业的路径，如若如此，会造成较大的资源浪费，致使互联网金融的功能与实体经济的需要形成错配。目前，国家对互联网金融寄予了较大的期望，希望通过互联网金融这种新兴金融功能的发挥来改善或缓解一直存在的小微企业融资难题。从互联网金融发展的国际经验看，走的也是这条路径，美国、英国的互联网金融基本上是定位于服务小微企业。从我国互联网金融发展的当前形势看，互联网金融总体上是按照服务小微企业的路径在前进，但也有个别机构随着资本规模的扩张逐渐将其目标向大机构转移，这种趋势需要关注。国家应在相关监管政策设计上保证互联网金融的小微路径，可通过税收政策、差异化的监管政策等来实现。

3. 继续有效降低互联网金融的资金成本。

资金成本是互联网金融发挥竞争优势以及服务小微企业和实体经济的另外一个关键因素。从当前互联网金融的情况看，由于处于行业发展初期，部分互联网金融机构的资金成本还相对较高，对其功能的发挥带来了一定的影响。但从长期来看，互联网金融机构的资金成本会呈不断下降趋势。首先，随着互联网金融发展的成熟以及优势的进一步凸显，资金成本自然会逐步下降。从我们前面的研究中也可以看到，在发达国家，P2P 的初始资金成本较高，但随着行

业的发展，其与传统金融贷款的资金成本相比优势越来越明显。而从行业发展
实际来看，我国互联网金融已经呈现了利率不断下降的趋势。据第一网贷的数
据显示，2014 年全国 P2P 网贷平均综合年利率连续 10 个月下降，全年平均为
17.52%，较 2013 年下降了 7.41 个百分点。其中，2014 年 12 月份全国 P2P 网
贷平均综合年利率 14.78%，再创历史新低，较上月下降了 1.16 个百分点，较
上年同期下降了 7.10 个百分点。从 2015 年以来的数据看，P2P 网贷平台的平
均综合利率继续呈下降趋势（在第一部分中已经有说明，不再列举具体数
字），这种变化符合互联网金融的国际趋势。其次，随着互联网金融市场竞争
的激烈，资本成本会出现竞争性下降。互联网金融市场很大，各路资金都在进
入这个行业，竞争也在不断加剧，随着机构的增多，供给端资金也会呈现不断
增长的情况，在这种竞争加剧和资金供给增多的过程中，资金成本自然会不断
下降。最后，随着互联网金融机构风险管理能力的提升，风险溢价会不断下
降，与利率市场化进程交织在一起，资金成本也会呈下行趋势，更有利于服务
小微企业和实体经济。

4. 完善征信服务机制，为互联网金融服务小微企业提供支撑。

虽然互联网金融可以通过各种交易记录和网上信息构建信用体系，但信用
的构建还尚需时日。为提高服务小微企业的效率，国家应该从战略高度为互联
网金融提供征信安排。一是在条件许可的情况下，研究相对成熟的 P2P 企业接
入央行征信体系。二是在无法接入央行征信体系的情况下，推动建立专门服务
于 P2P 平台的征信机构。通过征信机制的健全，提高互联网金融服务中小企业
的效率。

（三）　风险防范方面的政策建议

1. P2P 平台定位于信息中介。

厘清平台定位和业务边界，定位于信息中介，发挥信息搜寻、信息匹配和撮合的功能，而不是承载信用中介和交易平台的功能。这一定位也就意味着担保、集资、资金池等功能也与P2P平台相隔绝。同时，提高P2P平台的注册门槛和风险控制能力，提高平台的稳定性。

2. 建立完善的信息披露机制。

发挥市场约束的作用，通过信息披露机制提高平台的稳健性。信息披露主要包括以下几个方面：一是借款方的信息披露，包括借款企业或个人的信用资质、负债情况、财务状况、资金使用情况等。二是平台的运营信息披露，包括财务状况、经营状况、逾期率、坏账率、拨备覆盖率。三是平台关联方信息披露，包括资金托管机构、担保合作机构、风险备用金情况等。通过完善的信息披露设计，为投资人提供理性的判断。

3. 发挥资金托管功能及备用金保障机制。

针对P2P平台的业务特点，建立符合行业发展的资金托管机制。出台关于P2P平台资金托管的监管法规，明确资金托管的本质以及平台和资金托管方的责任与义务。对托管资金按期进行公布，做到信息公开透明，使其真正成为保障消费者资金安全的手段。借鉴证券投资者保护基金、保险业保障基金、信托保障基金的经验，建立P2P行业层面上的风险保障基金，发挥风险救济及行业稳定的功能。

4. 定位于服务个体消费者和小微企业的路线。

P2P平台应进一步明确定位，充分发挥比较优势，形成银行功能的有益补充，为个体消费者和小微企业提供更多的融资渠道。在业务标准上，不论是在投资端，还是在融资端，P2P平台都应坚持小额分散的原则。不断降低利率水平，能够满足小微企业的低成本融资的需求。监管部门应明确P2P平台的小额量化标准，对其进行约束。为更好地服务小微企业，我国还可以学习英国模式，设置小微企业贷款基金，对那些真正服务于小微企业的 P2P 平台，按一定比例对小微企业进行资金配置，促进金融普惠及资源配置效率的提升。

（四） 对传统金融行业应对互联网金融发展的政策建议

1. 融合互联网金融理念，建立互联网金融发展思维。

目前，我国银行等传统金融业对互联网金融的态度更多的是被动接受，甚至存在抵触思维，只有少部分银行主动融入到互联网金融的发展趋势之中，以互联网金融的思维去重新审视传统银行业务。事实上，互联网金融的发展与商业银行的传统业务之间的关系不是非此即彼的，而是融合渗透的，互联网金融可以从互联网入手不断向银行业务渗透，反过来，商业银行业也可以把互联网金融作为提升业务空间、重构业务体系的推动因素，根据自身发展的比较优势、业务结构等探索适合互联网金融的发展路径，找准切入点，在做好传统业务的同时，积极探索开发互联网金融产品，坚持两条腿走路，最终打通传统业务和互联网金融之间的通道，继续保持自身优势。关键是，商业银行要接受互联网金融理念，搭建互联网金融思维，将其纳入日常经营发展之中，而不是一味的抵触。

2. 找准时机，通过并购的方式涉足互联网金融行业。

互联网金融如火如荼的发展，为商业银行等传统金融业提供了巨大的市场机会，但由于商业银行进入较晚，没能抢占先机，但商业银行也可以充分利用其庞大的客户资源和健全的风险管理体系，实现后发优势，其中采取并购的方式便是一种重要的选择。目前，互联网金融发展很快，但互联网金融行业也比较混乱，市场同质化竞争严重，存在着一定程度的互联网金融泡沫，市场发展到一定程度必然要发生一轮洗牌和调整，为银行业并购互联网金融企业提供了契机。同时，由于互联网金融在风险管理上也不健全，一方面是其发展较晚，发展时间较短，内控和风险管理体系还不完善，另一方面是互联网金融虽然可以使得风险的对冲需求下降，但并没有从根本上改变风险配置方式，信用风险、流动性风险同样存在，甚至依托互联网承担了更高的风险来换取资金的可得性。因此，银行通过并购的方式进入互联网金融是一举两得的事情，不但可以实现后发优势，还可以依托成熟的风险管理机制更好地提升互联网金融的风险防范能力。

3. 加强现代支付体系建设，为互联网金融的发展提供支撑。

高速、便捷、安全的支付体系是互联网金融发展的基础，在一定程度上影响着互联网金融的业务范围，甚至决定着互联网金融的发展边界。因此，传统金融业尤其是银行应在传统的"三票一卡"的支付体系基础上，大力发展手机支付、移动支付、网银支付等业务，发展网络银行和直销银行，继续完善其功能和体验，提高金融服务的覆盖面和自主性，使得各个层面、各个区域、各种类别的消费者都可以享受到现代金融服务，这种行为一方面是商业银行充分利用互联网来补充或替代传统的支付结算方式的一种有效选择，另一方面是健全高效的现代支付体系的布局和构建可以为商业银行涉足互联网金融打下扎实的基础，奠定坚实的支撑，还有可能依托现代支付体系衍生出更多的互联网金融产品。

4. 加强合作，利用互联网金融渠道打通"商业圈"和"社交圈"等各类圈子。

金融与"商业圈"和"社交圈"的融合是大势所趋，这也是阿里金融、腾讯金融、京东金融成功的关键所在。在这场互联网大潮的进程中，阿里系、腾讯系、京东系是最大的获益者，从电商平台、社交平台跨界进入金融业务，从事支付和银行业务，对传统的银行体系带来了较大的冲击。虽然银行等传统金融也在通过各种措施来应对，如成立电商平台，收购支付机构，建立 P2P 平台，但总感觉"没有抓住牛鼻子"之感，应对结果也是差强人意。这里的关键因素是传统银行的商业基因不足，不能与各类商圈、社交圈有效融合。从专业分工和比较优势的角度而言，银行也不适合建立此类商业业务，在不专业的领域，资源难以高效利用。但在金融与商业相融合的大趋势下，"入圈入链"又有着较强的必要性。当前情况下，银行等传统金融业可以充分借助互联网金融这个渠道打通线上商圈、线下商圈、社交网络等各类圈子，直线切入，加速融合，提高资金的配置效率和附加价值。

5. 抓住网络银行借同业建负债端的机遇，积极布局优质民营银行的同业授信业务。

前海微众银行、浙江网商银行等网络银行已经获得民营银行牌照，传统银行业可充分抓住机遇，开展与这种具有民营银行牌照的网络银行的合作。对这类民营银行的同业授信业务是商业银行传统融资业务优势与网络银行资金需求的有效结合点和合作切入点，同时，这类网络银行受资金约束，对传统银行的同业授信有着较高的依赖性，对传统银行而言，优质的网络银行授信业务未来是一个"蓝海"。为此，传统银行可对这类民营银行的组织构架、人员完善情况，以及业务模式、业务流程、业务系统、风险内控政策开发制定等方面进行统筹考量，在有效管控信用风险的情况下积极介入，从以下几个方面展开布局：一是对已开业的网络银行，根据其开业初期的资金需求，给予同业授信，随着民营银行的陆续获批和开业，这类网络银行的数量将不断增多，这块业务应该有持续的增长。二是对那些已经获得国家工商总局预核准、在银监会待批复的民营银行建立"白名单"，定期跟踪，掌握其股东构成、高管成员、主要业务规划等，以此判断其资质及潜力，对优质的民营银行提前建立联系，待时机成熟时，积极开展合作业务。三是随着民营银行业务的开展，必然要满足监管部门的监管指标要求，对资本补充需求会有着较强的需要，传统银行可积极介入。

6. 把握民营性质的网络银行信贷资产证券化机会。

这里还是针对前海微众银行、浙江网商银行等开展网络银行业务的民营银行，出于对资金的渴望，他们对信贷资产证券化较传统银行有着更为强烈的需求，通过证券化腾挪出资金，弥补资金不足。从案例看，阿里金融在 2013 年就尝试进行小额信贷资产的证券化，资产证券化产品以阿里巴巴小额贷款公司面向小微企业发放贷款形成的债权为基础资产，在 3 年内不定期发行 10 期产品，每期发行额度为 2 亿~5 亿元，最大计算发行规模达 50 亿元。在这类民营银行业务开展的过程中，为充分盘活已有资产，在相关政策的支持下，信贷资产证券化将成为一种常态，传统银行可在此领域与其开展相关业务。由于这类民营银行的股东背景在业内被熟知，相当于利用股东信用、实力作了背书，民营银行小微贷资产初期市场预期会比较高。在合作上，一方面传统银行可以考虑出资认购信贷资产证券化产品，为有效控制风险，对民营银行信贷资产证券产品采用"一篮子"投资方式，进行分散投资，做好风险管理；另一方面，也可以利用传统银行银银合作的经营渠道，为其承销、销售证券化产品，扩大规模。

7. 利用远程开户受限的时间差，重点营销具有"支付机构＋民营银行"关联关系的第三方支付机构的备付金存管业务。

出于审慎考虑，监管部门对基于人脸识别的远程开户尚未放行，虽前海微众银行、浙江网商银行等都在积极探索"刷脸"技术，但在相关规则和技术标准尚未订立之前，监管部门不会即刻放开。线上银行将充分利用集团内部的支付机构来完成资金的运转、归集与沉淀，如前海微众银行有财付通，浙江网商银行有支付宝。这就意味着部分支付机构在民营银行资金的助推下，规模增长将更加迅速，对银行同业业务而言，备付金存管业务的市场规模更大，因此，加大对第三方支付机构客群营销的重要性不言而喻，尤其是那些具有"支付机构＋民营银行"关联特征的第三方支付机构可以作为营销重点。

8. 推动与互联网金融机构的财富管理业务合作。

传统银行与互联网金融机构在财富管理上有着较大的合作空间。一是互联网金融机构不是全牌照式运营，在一些业务上资格尚不健全，尤其是在财富管理方面可能存在业务缺口，传统银行可对这类互联网金融主体进行积极营销面向同业客户发行的理财产品。二是互联网金融主体在负债端难以有较强的竞争优势，将会在资产端发力，做强资产端业务将是主打方向，传统银行可为这类互联网金融主体提供有针对性的理财产品，并以此拓展托管业务。三是互联网金融主体所服务的客群有别于一般商业银行，比如社交网络中的消费者、小微企业等，加之互联网金融主体依托股东集团的网络、电商平台发展轻资产业务，其平台本身有着强大的网络聚集、辐射能力，客群投资方式网络化、资金周转灵活、闲置资金增值特征明显，传统银行可充分利用相关平台，与互联网金融平台绑定，提供银行理财产品，大力拓展 B2B2C 财富管理业务模式。

参考文献

［1］陈彦斌．小微企业融资贵的体制原因与新原因．经济观察报，2015 – 04 – 28.

［2］黄永波．互联网金融发展现状及对保险企业经营的影响．上海保险，2014（9）．

［3］国家工商总局．全国小型微型企业发展情况报告．2014 – 03.

［4］国培机构．2014 年中国小微与互联网金融机构竞争格局分析报告，2014.

［5］胡吉祥．互联网金融对证券业的影响．中国金融，2013（16）．

［6］韩俊杰、张玉甫．P2P 网贷平台野蛮生长 资金托管存猫腻［N］．中国青年报，2014 – 09 – 21.

［7］陆磊．中国金融改革的逻辑和思路．经济导刊，2014（1）．

［8］连平．小微企业融资难 根在体制障碍．经济参考报，2015 – 07 – 03.

［9］刘宜．我国互联网保险发展现状及其对保险行业的影响．吉林金融研究，2015（1）．

［10］刘思平．英国四大 P2P 平台是如何运营的．未央网，2015 – 05 – 15.

［11］李金阳．P2P 网络借贷市场的兴起与发展问题研究．华北金融，2013（2）．

［12］刘爱萍．如何促进互联网金融规范发展．光明日报，2013 – 07 – 29.

［13］罗明雄、唐颖、刘勇．互联网金融．中国财政经济出版社，2013.

［14］零壹财经．中国 P2P 借贷服务行业白皮书．中国经济出版社，2014.

［15］马云．金融行业需要搅局者．人民日报，2013 - 06 - 21.

［16］苗永旺．当前零售支付市场发展特征分析．西部金融，2013（7）．

［17］苗永旺．国际零售支付体系的全球经验及中国的发展．西部金融，2014（7）．

［18］苗永旺．网络银行的创新发展及对金融市场的影响研究．浙江金融，2014（9）．

［19］莫易娴．P2P 网络借贷国内外理论与实践研究文献综述．金融理论与实践，2011（12）．

［20］秦成德，麻元元，赵青等．网络金融．北京：电子工业出版社，2012.

［21］孙明春、唐俊杰．从网络经济学看余额宝的未来．中国金融四十人论坛，2014 - 09.

［22］沈子荣．P2P 网络借贷发展现状、趋势及商业银行应对策略，2015（3）．

［23］宋卫东、向清华．从互联网金融创新的本质探讨证券业创新．中国证券，2014（9）．

［24］上海新金融研究院．新金融评论．北京：中国金融出版社，2012（1）．

［25］谢平、邹传伟、刘海二．互联网金融模式研究．CF40 课题报告，2012.

［26］谢康．西方微观信息经济学评述．经济学动态，1994（2）．

［27］肖本华．美国众筹模式的发展及对我国的启示．国际金融，2013（1）．

［28］王亮亮．互联网金融对商业银行的影响研究．中国货币市场，2014（3）．

［29］王亮亮．互联网金融改变行业格局．中国金融，2014（11）．

［30］王亮亮．互联网金融与小微企业融资．中国金融，2014（24）．

［31］王亮亮．中国支付行业的现状、存在问题及政策建议．西部金融，2012（5）．

［32］王亮亮．我国支付行业发展特征及趋势探讨．西部金融，2013（1）．

［33］吴晶妹．网络信用服务的时代已经到来．阿里商业评论，2015（1）．

［34］王京京．互联网金融潮下传统保险行业何去何从．金融经济，2014（12）．

［35］王松柏、童楠．证券行业互联网金融发展模式选择．中国证券，2014（9）．

［36］王岩岫．P2P网贷行业监管的十大原则．在2014年中国互联网金融创新与发展论坛"的主题演讲，2014 – 09 – 27．

［37］王家卓、徐伟红．2013年中国网络借贷行业蓝皮书．知识产权出版社，2014．

［38］万建华．金融e时代：数字化时代的金融变局．北京：中信出版社，2013．

［39］王春梅、王丽娟、徐英．刘士余对话王建宙：当金融遇到互联网．财经国家周刊，2013（16）．

［40］王倩．网络经济时代的货币理论．北京：人民出版社，2009．

［41］温信祥．互联网金融的中国道路．证券时报，2013 – 08 – 14．

［42］未央研究．股权众筹之都：英国人如何做股权众筹？．未央网，2015 – 04 – 12．

［43］杨涛．互联网金融挑战大财富管理．上海证券报，2013 – 07 – 23.

［44］杨涛．中国互联网金融：浪潮还是浪花．金融时报，2014 – 01 – 03.

［45］朱民．互联网金融有望成为中国核心竞争力．腾讯财经，2015 – 01 – 22.

［46］张诚．直销银行终将是过渡品．新浪财经，2014 – 10 – 10.

［47］周鹏峰．民生直销银行客户数突破百万　资产破 180 亿元．中国证券网，2014 – 09 – 02.

［48］曾刚．积极关注互联网金融的特点及发展——基于货币金融理论视角．银行家，2012（11）.

［49］曾志耕．网络金融风险及监管．成都：西南财经大学出版社，2006.

［50］郑重．互联网金融的风险管理与协调．金融时报，2012 – 10 – 22.

［51］赵新星、许蕾．万达"壮士断臂"．百货业路在何方？南方日报，2015 – 07 – 24.

［52］张帅、龚宵翔等．P2P：颠覆传统金融体系的大幕逐渐拉开．国金证券研究报告，2015 – 03 – 19.

［53］张明．中国互联网金融的发展与未来．金融 40 人论坛报告，2013 – 11 – 28.

［54］张明．钱去哪儿了？［N］．金融时报（FT 中文网），2014 – 08 – 21.

［55］中国证券报．风险备用金模式已经逐渐偏离最初的"梦想"，2014 – 09 – 20.

［56］中国人民银行货币政策分析小组．中国货币政策执行报告，2013（2）.

［57］中国互联网络信息中心．中国互联网络发展状况统计报告，2014 – 07.

［58］中国支付清算协会．中国支付清算行业运行报告（2014）．中国金融出版社，2014.

［59］中商情报网. 国外互联网金融模式现状发展和案例分析，2014 - 05 - 24.

［60］迈克尔·塞勒. 移动浪潮. 中信出版社，2013 - 01.

［61］Armstrong, Mark. Competition in Two - Sided Markets. Mimeo, University College, London, 2004.

［62］Akerlof, G. , 1970, The Market for Lemons: Quality Uncertaintyand the Market Mechanism, Quarterly Journal of Economics, 84 , pp. 485 - 500.

［63］Bruett, T. Cows, Kiva, how disintermediation and the Internet are changing microfinance. Community Development Investment Review, Federal Reserve Bank of San Francisco, 3, 2, 2007: 44 - 76.

［64］Berger S and Gleisner F. , "Emergence of Financial Intermediaries on Electronic Markets: The Case of Online P2P Lending". Working Paper, University of Frankfurt, 2008.

［65］Collier, B. and R. , Hampshire, Sending mixed signals: Multilevel reputation effects in Peer - to - Peer lending markets. 2010.

［66］Everett, C. R. , Group membership, relationship banking and loan default risk: The case of online social lending. Workingpaper, Social Science Research Network, March 15, 2010.

［67］Ebrahim Hosseini Nasab&Majid Aghaer, "The Effect of ICT on Economic Growth: Further Evidence", Working Papwe, 2009.

［68］Fama, Eugene, Efficient Capit al Markets, A Review of Theory and Empiri cal Work. Journal of F inance, 25, 1970, pp. 383 - 417.

［69］FDC, "Mobile Financial Services: Extending the Reach of Fnancial Services Through Mobile Payment Systems", FDC: The foundation for development cooperation, 2009.

［70］ George Joseph Stigler, The Economics of Information, Journal of Political Economy, 69 （3）, 1961, pp. 213 – 225.

［71］ Greiner, M. E. and H. Wang, The role of social captial in people to people lending marketplaces. Thirtieth International Conference on Information Systems. 2009.

［72］ Gartner. Gartner says social banking platforms threaten traditional banks for control of financial relationships. Egham, UK, February, 8, 2008.

［73］ Jean – Charles Rochet, Jean Tirole. Platform competition in Two – sided markets. Journal of the European Economic Association, Vol. 1, 2003. 990 – 1029.

［74］ Klafift, M. , Peer to peer lending: auctioning microcredits over the Internet. In A. Agarwal and R. Khurana （eds. ）, Proceedings of the International Conference on Information Systems, Technology and Management, IMT, Dubai, 2008.

［75］ Iyer, R. , Khwaja, A. I. , Luttmer, E. F. P. , and Shue, K. , Screening in new credit markets: Can individual lenders infer borrower creditworthiness in peer – to – peer lending? Working paper No. 15242, National Bureau of Economic Research, Cambridge, MA, 2009.

［76］ Thomas Meyer, Online P2P Lending Nibbles at Banks Loan Business, Deutsche Bank Research, July 2007.